Renovación escolar

Renovación escolar

Un viaje espiritual hacia el cambio

Dr. Torin M. Finser

SteinerBooks | 2014

2014
SteinerBooks

Publicado por SteinerBooks/Anthroposophic Press, Inc.
610 Main St., Great Barrington, Massachusetts 01230
Estados Unidos de América
www.anthropress.org

Derechos de autor © 2014 por Torin M. Finser.
Todos los derechos reservados. Ninguna parte de esta publicación puede ser reproducida, almacenada en un sistema de recuperación o transmitida en cualquier forma o por cualquier medio, sea electrónico, mecánico, fotocopia, grabación o cualquier otro, sin el permiso previo y por escrito de la editorial. Este libro es una traducción de «*School Renewal: A Spiritual Journey for Change*»
por Torin M. Finser (Anthroposophic Press, 2001).
Traducido por José Raúl Gálvez Castro
Libro diseño de William Jens Jensen

Biblioteca del Congreso número de control: 2013955104
ISBN: 978-1-62148-055-6 (libro en rústica)
ISBN: 978-1-62148-056-3 (ebook)

CONTENIDOS

Agradecimientos – VII

1

INTRODUCCIÓN – 1

Vidrieras de colores

La taza de corazón de Ewen

2

LA HISTORIA DE SARAH – 9

Un día en la vida

Tres años después

Mientras tanto, vuelta a la escuela

No tener adonde ir

3

ES UN ACTO DE EQUILIBRIO – 25

Dos compañeros de viaje

Otro compañero

La chispa de la vida

Tecnología y fe

Equilibrio

4

MIRARSE AL ESPEJO – 61

Los tres pelos de oro del Diablo

El mártir

Cambio personal

Necesito ser querido

5
HERRAMIENTAS PARA EL VIAJE INTERIOR – 79
Recuerde cuando.

Leer el destino

Aprender de nuevo a rezar

El sueño

6
RELACIONARSE ENTRE SÍ – 99
Los paisajes del alma

Estar solo o acompañado

Mentorización y evaluación

7
EL APRENDIZAJE DE HABILIDADES DE GRUPO – 121
Etapas del desarrollo del grupo

La separación y el regreso

Enmarcar

Afirmar decisiones

8
LIDERAZGO Y COMUNIDAD – 151
Noches de padres

Facilitación

Liderazgo

La nueva comunidad

Notas – 185

Bibliografía seleccionada – 189

AGRADECIMIENTOS

Me gustaría dar las gracias a todos los maestros y padres de las escuelas que se tomaron el tiempo de compartir conmigo sus reflexiones, sus esfuerzos y sus esperanzas. También a mis estudiantes, tanto actuales como antiguos, de la Antioch New England Graduate School y al Centro para la Antroposofía. Mención especial merecen tanto Michael Dobson, de la Anthroposophic Press, por su estímulo, como aquellos que colaboran con esta institución con sus donaciones. También quiero expresar mi agradecimiento a Lynda Smith-Cowan y Doreece Miller por su ayuda con el manuscrito original. En especial, quiero darle las gracias de todo corazón a mi editor, Nicky Hearon, por su inspirador trabajo. Nicky me ayudó a amoldar, desarrollar, reorganizar y explicar el texto para que ayudase a conectar con el grupo más amplio posible de lectores potenciales. Sus adiciones, ideas y «fuerzas vitales» son tan evidentes en este libro como las mías.

Además, gracias a mis colegas de la Comisión de Formación del Profesorado de la Asociación de Escuelas Waldorf por las conversaciones en las que me aportaron material y entusiasmo para este proyecto. Por último, me gustaría mostrar mi agradecimiento a mis colegas del Programa de Liderazgo Colaborativo por sus conocimientos, experiencia y material incluido en varios capítulos de esta obra. ¡Es posible que este esfuerzo ayude al crecimiento y a los cambios que son necesarios en nuestras escuelas!

*Para mi amor
y todos nuestros niños*

I

INTRODUCCIÓN

Vidrieras de colores

Hace poco cumplí un sueño de toda la vida. Mi prometida y yo estuvimos cuatro días en Chartres, una experiencia de inmersión en la famosa catedral de Francia. Durante estos maravillosos días, pasamos las horas en el interior de la catedral, recorriendo el laberinto, escuchando música, visitando la cripta con la Virgen Negra y explorando prácticamente cada recoveco. Estaba asombrado con las historias contadas en piedra y color, la historia del edificio y las de aquellos que enseñaron allí. Leímos libros, hicimos preguntas y visitamos los mismos lugares una y otra vez durante esos cuatro días.

Una tarde, sentado en un banco, me quedé paralizado en mi asombro y sabiduría por el rosetón que tenía ante mí. La luz que penetraba a través de la ventana se estaba transformando, lo que conmovió mi respiración y mis sentimientos. El espacio, tanto en la catedral como dentro de mí, parecía estar lleno más allá de la expresión. Salí afuera, abrumado, con la idea de caminar alrededor de la catedral. Casi por accidente, me quedé atónito por una experiencia opuesta. Desde fuera, esas mismas vidrieras estaban viejas, grises y ennegrecidas. La fachada de piedra estaba desgastada del paso del tiempo. Tras alejarme unos cientos de metros, asimilé la catedral en su conjunto y la comprendí de una forma diferente.

Me impresionó el contraste entre la experiencia interior y exterior de esa tarde. Mientras estuve sentado en el banco, me llené de la riqueza de la experiencia y atrapé cada detalle de las numerosas historias. Fuera obtuve perspectiva, vi la catedral en el contexto de espacio y tiempo, y experimenté el esfuerzo humano en su creación.

School as a Journey fue la historia desde el interior de una escuela Waldforf, de los años que pasé con mi grupo siendo maestro. Trabajar día a día con el plan de estudios Waldorf no fue muy distinto al interior de Chartres: el arte, las historias y la plenitud de la experiencia. Desde que se graduó la clase de 1990 en Great Barrington, he trabajado de manera diferente. Enseñar en la escuela superior de Antioch me ha brindado la oportunidad de investigar, trabajar con maestros de escuelas públicas y Waldorf, y visitar a alumnos en prácticas en más de 75 escuelas. He observado el crecimiento y el esfuerzo de los maestros y he estado en escuelas que son saludables y en otras que tienen deficiencias. Mi perspectiva ha cambiado cuando observo, comparo y consulto.

Necesitamos tanto los puntos de vista internos como externos para obtener un conocimiento. Puede surgir una tensión creativa en la que enfrentarse a estas preguntas lleve a una nueva apreciación sobre cómo se definen las escuelas. Los últimos años me han ayudado a situar mis experiencias de clase en el contexto de unas cuestiones escolares más amplias, como la gobernanza, el liderazgo y el desarrollo comunitario. La vida y el aprendizaje son inseparables. Los seres humanos participan en un flujo continuo de experiencias. Estas experiencias se convierten en conocimiento mediante la capacidad de reflexión. Este proceso comienza con la primera respiración de la vida y continúa hasta el umbral de la muerte.

Las escuelas no son más que una manera de formar y organizar las experiencias de aprendizaje que la sociedad considera necesarias para los niños. Puesto que las escuelas han crecido y se han desarrollado a lo largo de los años, éstas se han convertido en organizaciones cada vez más importantes, y a veces los aspectos de «vida y aprendizaje» han disminuido en favor de las «expectativas y requisitos», ya sean impuestas por legisladores, padres o editores de libros. Cada cierto tiempo, dado que las estructuras escolares se han vuelto demasiado inflexibles, los audaces defensores de los niños han dado un paso al frente para equilibrar la balanza.

Introducción

Escritores y educadores como Sylvia Ashton Warner, John Dewey, Ivan Illich, Herb Kohl y otros han intentado reorientar nuestra atención sobre las necesidades del niño. La educación Waldorf, fundada en 1919 por Rudolf Steiner, se centra también en la forma de educación del niño.

La historia de la educación cuenta la historia de la innovación que fomenta la vida y de la conservación que promueve la estructura. Un nuevo movimiento escolar o educativo tiende a ser creativo y apasionante pero también caótico. Por el contrario, las escuelas que llevan mucho tiempo vigentes tienden a ser organizadas, predecibles y fiables a la hora de perpetuar las tradiciones. Durante los últimos años, solía preguntarme si podría no ser un camino intermedio, una tercera alternativa entre el bastión del conservadurismo representado en algunas escuelas más antiguas y el enfoque partiendo de cero de las nuevas. ¿Se puede encontrar un camino en el que se obtengan los beneficios de las dos? Después de todo, no todo el mundo puede poner en marcha una escuela y muchos sienten la necesidad de trabajar con lo que ya se encuentra disponible. ¿Pueden renovarse las escuelas?

La misma dinámica suele representarse en la biografía de los maestros. Aunque desde luego hay muchas excepciones, normalmente un maestro nuevo entrará a clase con un idealismo considerable y trabajará con un entusiasmo maravilloso. Esta energía y esfuerzo pueden ayudar a que un nuevo maestro supere algunos de los golpes más duros en la gestión de la clase y a que su evolución desarrolle nuevos recursos internos, así como un plan de estudios apropiado para cada edad. Conforme pasa el tiempo, la experiencia se convierte en un gran aliado y la técnica de enseñanza se ajusta hasta tal punto que un maestro veterano puede impartir una clase con confianza y facilidad. Incluso los desafíos (¡y eso que los niños tienen una extraordinaria capacidad para buscar nuevas formas de ponernos a prueba!) están en el contexto de experiencias previas y, por lo tanto, menos abrumadoras. Sin embargo, el maestro veterano también puede volverse más conservador, optando por lo que ya está comprobado, manteniendo la paz en el aula y haciendo lo que le funcionó en el pasado. La estabilidad y el orden parecen cobrar más importancia y, a medida nos hacemos mayores, intentamos conservar nuestros recursos. Al igual que las escuelas, los maestros pueden experimentar la influencia endurecedora de la forma y la estructura.

La discrepancia entre el idealismo de la juventud y el peso de la madurez puede llegar a ser una trampa para el maestro. Lo idealista y lo conservador vive en nosotros y en ocasiones actúa en distintas direcciones. Al tratar de cumplir las numerosas demandas de la vida escolar, los maestros sienten el cumplimiento y la satisfacción de los primeros años de decadencia. Más de un maestro se pregunta: ¿Puedo continuar? ¿Tengo lo que se necesita para satisfacer las necesidades de estos niños? ¿Hacia dónde estoy yendo en mi propia vida? He oído las voces de maestros que buscan una renovación en innumerables entrevistas y conversaciones. Este libro es un intento de compartir las historias de maestros y padres, así como mis propias experiencias con las escuelas.

La taza de corazón de Ewen

Cuando Ewen, mi segundo hijo, fue lo suficientemente mayor como para beber de una taza con responsabilidad (no tirándola al suelo o haciendo cualquiera de las otras maravillosas cosas que un niño pequeño puede hacer), le dimos un taza especial que aceptó de inmediato. La taza era azul por dentro y prácticamente blanca por fuera, y tenía cuadrados de colores en el exterior (verdes, violetas, naranjas, amarillos y blancos). Lo mejor de todo era que casi la mitad de los cuadrados estaban llenos de corazones. La mayoría eran de colores complementarios y cada corazón era lo suficientemente grande como para rellenar un pedazo del cuadrado de color. Llamativa, brillante y fácil de usar, así era una verdadera taza para un niño. Ewen bebió de esta apreciada taza durante muchos años. Se echaba la leche, el té de hierbas y, a veces por la noche, el chocolate caliente. Siempre sabía cuál era su lugar en la mesa buscando su taza favorita, ¡y pobre del padre que se olvidase de colocarla! Además, tenía especial cuidado de su taza; la limpiaba cuidadosamente y, lejos de que se estropease, los colores parecían crecer de forma más exuberante con el paso de los años.

Un día, a otro miembro de la familia se le cayó la taza mientras limpiaba los platos. El asa se rompió en varios pedazos irreparables y, lo peor de todo, había un agujero pequeño en el lado de la parte inferior del asa que se había roto. Cuando Ewen descubrió la taza rota sobre la encimera, nadie pudo consolarlo. Lo sostuve en mis brazos, en vano, mientras seguía diciendo: «Mi taza de corazón. Mi taza de corazón». Finalmente, aún sofocado por sus sollozos, Ewen salió conmigo al almacén a poner su taza con los materiales reciclables y la basura. Aferrándome a un último asomo de esperanza, la puse sobre la estantería en vez de en el cubo de basura y le dije a Ewen: «Quizás algún día encontremos algo que hacer con la taza».

Estuvo dos años sobre la estantería del almacén acumulando telarañas. La familia pasó por un divorcio y, durante un tiempo, me pregunté qué sería de nosotros. Entonces un día a principios de primavera, mientras recogía por casualidad semillas de flores y unas macetas de iniciación en un vivero, pensé que Ewen y yo podríamos empezar a plantar flores de interior. Nos sentamos sobre la cubierta de la cocina y llenamos las macetas con tierra. Después Ewen y yo plantamos semillas de girasol, lupino, coreopsis y otras de nuestras favoritas. Teníamos unas cuantas semillas de sobra y, sin pensarlo, fui al almacén a ver qué más cosas podríamos usar para plantarlas. Cuando volví con la vieja taza de corazón, la sonrisa inundó su cara. En lugar de separar las semillas estrictamente como habíamos hecho con las otras macetas, simplemente echamos un puñado de semillas y de tierra en la taza de corazón, la regamos y la pusimos en el alféizar sobre el fregadero de la cocina.

Ya sé que hay explicaciones de sentido común para cosas como estas (más luz solar, agua, etc.) pero sucedió algo increíble. Aunque habíamos plantado todas las semillas al mismo tiempo con la misma tierra, las semillas de la taza de corazón de Ewen salieron primero. No solo eso, se convirtieron en flores más verdes y más brillantes que el resto y, creciendo en un manojo mezclado, estallaron con una exuberancia caótica. Llenas de vida y alegría, fueron capaces de medrar en la taza de corazón de Ewen hasta que llegó el momento de meterlas en el arriate perenne de flores de afuera.

En muchos aspectos, esta es la historia que quiero contar en *Renovación escolar*. Este libro trata sobre dedicación y esperanza, pero también habla del sufrimiento, las sombras y el dolor que pueden darse cuando maestros y padres luchan por crear una comunidad escolar. Como sucede con muchas organizaciones, hay temas tabú que se sienten y experimentan pero que no suelen discutirse. En este libro espero que se discutan algunos de ellos. De hecho, algunas de las cuestiones más complicadas a las que se enfrentan las comunidades escolares, si se colabora, pueden convertirse en una nueva sustancia para el crecimiento.

A diferencia de mi primer libro, *School as a Journey* («Escuela como un viaje»), que describía mi viaje como maestro y el desarrollo del plan de estudios de una escuela Waldorf, este libro se centra en los problemas y las preguntas que surgen fuera de clase. Estos problemas incluyen cómo trabajamos juntos como adultos, problemas de organización, el liderazgo escolar, el desarrollo comunitario y la renovación personal vital que puede hacer todo lo demás posible. Nuestros hijos miran a sus padres y maestros como el modelo a seguir, no solo en la enseñanza de la lectura y la química sino también en la escolarización de la vida. ¿Podemos llegar a ser dignos de ellos?

Por último, pronunciaré unas palabras sobre la estructura de este libro. Más que dar fórmulas, he elegido temas que pueden apuntar en la dirección de la renovación escolar. Al igual que un cristal con muchas caras, los capítulos se centran en diferentes aspectos de la renovación escolar. Cada capítulo pretende ser una invitación a explorar más a fondo en vez de un estudio completo. De hecho, demasiado material puede llevar a una «indigestión», que impide la circulación, el movimiento, el proceso y la renovación. Más que convertirnos en «expertos» sobre la renovación, lo importante es que tomemos las recomendaciones y posibilidades y las pongamos en práctica. Para algunos lectores un sendero será útil, para otros lo será otro. Debido a las diferentes biografías representadas en una comunidad escolar, la renovación ha de ser variada y multimodal. En lugar de estar fijados a la estructura lineal normal, los capítulos se organizan de manera que el lector pueda explorar varios temas y comenzar a ver cómo son mutuamente independientes, de la misma manera que en una escuela todas las entidades (padre, maestro y administración) son mutuamente interdependientes. Si podemos reconocer las cuestiones fundamentales, aprender nuevas formas de trabajar con ellas y ayudarnos los unos a los otros en nuestro esfuerzo común, ¡tendremos la oportunidad de crear escuelas que sean tan dinámicas como los niños a los que sirven!

2

LA HISTORIA DE SARAH

Un día en la vida…

Sarah se despertó sobresaltada. ¡Eran las 6:45 de la mañana! ¿Había apagado la alarma? Se había pasado la hora, su hora, la única hora en la que contaba con obtener ventaja en el día. El tiempo para estirarse, para encontrar su centro y para prepararse para la jornada. Ahora tendría que darse prisa.

A medio vestir, bajó las escaleras llamando a sus hijos para que se despertaran. En poco tiempo, la cocina era un frenesí de actividad; la cafetera encendida, el pomelo y los cereales preparados para el desayuno, el almuerzo aún por hacer (ella tendría que hacerlo hoy, dado el retraso de los niños). Entre el resto de actividades, una llamada rápida al entrenador para saber si su hijo tenía hoy entrenamiento. Como si tuviera un sexto sentido de lo que estaba pensando, su hijo, Colin, la llamó desde las escaleras en ese momento: «Mamá, ¿lavaste mis vaqueros?». Al no obtener la respuesta que esperaba, protestó: «¡No tengo nada que ponerme! ¡Sabes que no me gustan los pantalones de pana verdes! Los odio». La hija de Sarah, Rachel, llegó con el cepillo en la mano para que la ayudase con el nudo de su pelo. De cualquier manera, la familia salió por la puerta a tiempo. Sarah se acordó incluso de traer el mapa que había comenzado para la parte de Geografía que estaba impartiendo.

Durante la media hora de trayecto a la escuela, Sarah tuvo dos conversaciones, una con los niños y otra en su cabeza. «Tengo que acordarme de llamar a los padres de Sam hoy. No ha hecho sus deberes. Parece cansado y distraído. Tengo que saber lo que le está pasando».

Al mismo tiempo, Rachel preguntaba: «Mamá, ¿me has echado la gelatina para el postre?». Los pensamientos de Sarah volvieron a las lecciones que daría hoy. Ojalá hubiera tenido más tiempo para prepararlas. Pero la noche anterior estaba demasiado cansada. Al menos Mike regresaría de su viaje de ventas esta noche.

Cuando Sarah entró en el edificio de la Escuela Waldorf, se fue derecha a su clase. Esta técnica siempre la ayudó a conservar la santidad del día. «No es momento de distracciones administrativas. Dejad que me centre solamente en mis alumnos». Tenía unos minutos para desplegar su mapa a medio terminar y poner en orden su escritorio antes de que comenzasen a llegar sus chicos de quinto grado. Su ánimo resurgía cuando les daba la bienvenida. Su nuevo entusiasmo era contagioso y pronto, a primera hora de la mañana, la habitación era un hervidero de parloteo. Sarah se sentía segura y como en casa cuando llamaba a la clase para pedir orden y empezar el día.

Era una maestra experimentada y disfrutaba mucho de su trabajo. La mañana se desarrollaba de forma natural y sin interrupciones mientras cambiaba al grupo de una actividad a otra. En esta mañana en particular, Sarah hizo dos observaciones personales. La primera fue cuando abrió la mañana con el verso especial que siempre utilizaba y se dio cuenta de cuánto nutrían tanto a ella como a su clase aquellas líneas. Parecía beber en cada línea, preguntándose todo el rato si estaba utilizando este momento con los niños para compensar la pérdida de su tiempo de relajación anterior. La segunda fue que se maravilló una vez más ante el efecto fortalecedor del ritmo. Su clase conocía la rutina diaria. Contaban con ello. Se podría percibir la sensación de seguridad que les daba. Pero esa mañana Sarah se dio cuenta de que también dependía de la rutina para su apoyo. La palabra «depender» la hizo reflexionar. ¿Estaba dependiendo demasiado? ¿Estaba introduciendo suficiente nueva energía al día? ¿Se respaldaba en su experiencia y en el ritmo diario como sustituto de una preparación inadecuada? «No debo ir por ese camino de desconfianza en mí misma», se decía a sí misma, incluso se preguntaba acerca de como renovar sus fuerzas para los días venideros.

Durante el recreo Sarah fue rápidamente al despacho para llamar al trabajo de los padres de Sam. El teléfono estaba comunicando. En el camino de vuelta por el pasillo, unos compañeros que estaban enfadados por un cambio en el calendario escolar la pararon varias veces. Sarah quería acompañar a su clase afuera, así que no se detuvo a discutir nada. Sin embargo, la intensidad de los comentarios del pasillo la pusieron nerviosa. «Ahora no quiero pensar en eso», se decía a sí misma, pero de todas maneras le molestaba estar pensando en ello. «Tendré que tratarlo en la reunión de esta tarde». Su clase se alegró de que apareciese e inmediatamente algunas de las niñas la empujaron para que jugase a balón prisionero durante los cinco minutos que quedaban de recreo.

La clase de Matemáticas fue bien, pero en vez de tener el descanso antes del almuerzo, Sarah tuvo que sustituir a la maestra de Francés, que estaba enferma de nuevo. «¿Cómo es que la gente puede permitirse el lujo de estar enferma?», pensaba Sarah mientras conseguía que sus alumnos siguiesen con un proyecto. Ella ayudó a Sam con sus deberes mientras almorzaba con la clase. Logró acabarse la manzana.

Tras la jornada escolar de aquel día, una vez que Rachel y Colin estaban en sus actividades extraescolares, Sarah dispuso de cinco minutos para debatir el asunto del calendario con el presidente en la reunión de la tarde. Las escuelas Waldorf practican una administración autónoma, lo que significa que los maestros llevan a cabo una gran parte de las tareas cotidianas, como la programación, la contratación, la participación y el ingreso de los alumnos. La mayoría de escuelas Waldorf tienen una reunión del personal docente a la semana, complementada por las reuniones del comité y el trabajo a largo plazo del College of Teachers (Colegio de Profesores). El tiempo que pasan los maestros juntos después de las horas de clase es vital para el éxito de la escuela. Las reuniones del comité marchaban con fluidez (Sarah era buena en este tipo de cosas), así que todo el personal docente se reunió de cuatro a seis de la tarde para el trabajo de desarrollo profesional. En esta tarde en particular, el personal docente se dedicó a una de las actividades artísticas favoritas de Sarah, una forma de movimiento llamada euritmia.

Simplemente moverse dentro y fuera de un círculo y utilizar los brazos para dar forma a los sonidos brindó nueva fuerza a Sarah. «Esto es lo que necesitaba. Me alegro mucho de enseñar aquí», pensó.

Sin embargo, la parte de la reunión en la que se tomaron las decisiones fue polémica. El calendario era un tema candente que podía sentirse incluso cuando se daban informes de otras materias. Cuando finalmente el tema fue debatido, hubo poco tiempo para tratar a fondo los asuntos y, por limitaciones de tiempo, la gente volvía a repetir lo mismo. Sarah observó que el facilitador se dio por vencido en el transcurso de la sesión y que muchos compañeros estaban manifestando sus posturas en lugar de resolver el problema. Como el cansancio hacía mella en todos, las personalidades dieron un paso al frente y la sensación de servicio a la escuela disminuyó. «No me extraña», pensó Sarah. «En realidad, algunos de nosotros no tenemos una formación en administración autónoma y trabajo en grupo, así que tenemos que soportar todas estas experiencias frustrantes». Dio unas cuantas sugerencias que no fueron aceptadas, por lo que se mantuvo en silencio durante el resto de la reunión. Al final el asunto se emitió al comité.

Una Sarah agotada condujo hacia casa con sus dos hijos a eso de las seis de la tarde. Tenía una o dos ideas para la cena, podría contar con la ayuda de Colin. Cualquier cosa que tuviese que ver con comida resultaba interesante para él. Y Mike volvería a casa más tarde. Incluso cuando estaba cansado, solía lavar los platos y ayudaba con los deberes y los preparativos antes de acostarse. Eran las nueve de la noche antes de que Sarah se sentase en su escritorio para preparar la clase del día siguiente. Las redacciones tendrían que corregirse otro día, «quizá mañana en mi tiempo libre, *si* la maestra de Francés regresa». Sarah se fue directamente al meollo de su lección de Geografía, pero a eso de las diez empezó a dar cabezadas mientras leía. «Mañana me levantaré temprano, pero debo acordarme de no apagar la alarma».

Tres años después...

Joan fue el primero que notó el cambio durante una jornada de puertas abiertas. A posteriori, ella debería haberlo sabido antes pero la vida era tan frenética que era difícil darse cuenta de todo. Sin embargo, estaba aquí, en este evento público, viendo a Sarah hacer lo que siempre había hecho tan bien: dar la bienvenida a los padres y presentar los eventos de la tarde. Joan se había asegurado de que su clase estuviese acomodada en sus asientos y, una vez que cesaron los cuchicheos, pudo prestar atención a lo que Sarah estaba diciendo. De repente, descubrió que algo no iba bien. Sarah parecía diferente, al principio de manera imperceptible. Sin embargo, Joan la conocía bien. Habían dado clase en la misma escuela durante años y sus familias solían irse juntas de vacaciones. ¿Qué era diferente esa mañana?

Sarah parecía distante, distraída. Su discurso era inconexo y a veces mascullaba. Con una mano seguía peinándose el pelo hacia atrás y con la otra buscaba a tientas su programa. Tuvo que aclararse la garganta varias veces y humedecerse los labios como si hubiese estado hablando durante horas. ¿Qué le pasaba? Joan tomó nota mentalmente para ir a verla después. Ken fue el primero que notó un cambio durante el descanso de la reunión de profesores, cuando le preguntó a Sarah acerca de un detalle aparentemente menor, y ella estalló: «¡NO PUEDO SER TODO PARA TODOS!». Impactado, Ken se retiró, pero se sintió dolido y perplejo.

En casa su marido se dio cuenta de que el lenguaje de Sarah había cambiado sutilmente. Antes alegre y optimista, ahora contaba con formas de comunicación negativas: «Nunca terminaré este proyecto. No creo que la escuela sea un buen lugar. Odio sentirme apresurada todo el tiempo». Los hijos de Sarah le recriminaban: «Mamá, nunca haces nada con nosotros». Sin embargo, estos solo eran los síntomas externos. Sarah estaba sufriendo mucho más por dentro de lo que sus amigos, compañeros y familia se daban cuenta. Durante esa semana se desahogó escribiendo en su diario:

«Algo va mal, pero no sé exactamente qué es. Tras muchos años de enseñanza, debería ser capaz de destacar pero parece que cada día quedo más y más atrasada. Sé cómo deberían ser las cosas, pero continuamente estoy por debajo. ¿Son mis expectativas demasiado altas? ¿Quiero ser realmente maestra? Odio la sensación constante de no lograr todo lo que había planeado, deseado e imaginado. De vez en cuando me veo como en un espejo y me consterna. Nunca soy capaz de hacer lo suficiente y algo dentro de mí se burla de ello.

«Este año los padres me irritaron mucho con sus preguntas y dudas insidiosas. Siempre me han encantado los niños pero sus constantes rarezas y particulares maneras parecen estar menguando mi tolerancia. En realidad la escuela es disfuncional. ¿Qué creen que están haciendo con todas esas reuniones? ¿No ven lo inútiles que son? De todos modos la mayoría de la gente hace lo que quiere, sin importar lo que se decida. Diga lo que diga no va a cambiar la situación. ¿Es el lugar adecuado para mí?

«Me siento agotada emocionalmente. Una buena noche de sueño o un largo paseo solían poner las cosas de nuevo en su sitio. En realidad, es espantoso, pero estas cosas ya no parecen funcionar. Estoy perdiendo la relación con mis compañeros, estoy molesta con los padres y mis hijos se sienten abandonados. Mike ha dejado de pedirme que salga los fines de semana. ¿Qué ha pasado con mi vida?».

No mucho después de esta entrada en el diario, Sarah cayó enferma con neumonía. Estuvo durante muchas semanas inmóvil, deprimida y bastante enferma. A veces lo único que podía hacer era mirar los cuadros de la pared de su habitación. Tras una recuperación parcial, tuvo una recaída. Estuvo fuera de la escuela varios meses. Sin lugar a dudas era el momento de una reconsideración. ¿Cómo iba a salir? ¿Podría continuar enseñando? ¿Habría un cambio en su vida, en su manera de vivir?

Mientras tanto, vuelta a la escuela...

Mientras que Sarah estaba en casa con neumonía, la escuela estaba sufriendo su propia crisis. Los padres de la Escuela Waldorf Morning Glory habían estado allí contra viento y marea. Habían encontrado el terreno, ayudado con la limpieza, recaudado sumas de dinero que nadie hubiera soñado y construido la escuela, en muchos casos con sus propias manos. Actuaron como representantes de clase, estuvieron disponibles para acompañar a las excursiones al campo aunque ello significase perder un día de trabajo y se encargaron de los comités y el consejo de administración. Como los maestros solían admitir, la escuela no hubiera estado allí si no hubiera sido por los padres.

Sin embargo, algo parecía estar cambiando últimamente. En parte, era demográfico. Los niños de la primera generación de padres se habían graduado en octavo grado. Los que se quedaron estaban cansados y sus vidas habían cambiado: los ascensos laborales hicieron la vida más agitada y algunos habían pasado por un divorcio o una separación. En algunos casos, los padres no tenían la intención de «molestar» a la escuela nunca más.

Pero había otras corrientes trabajando. Muchos padres habían llegado a ofenderse por la actitud de algunos maestros, que parecían decir: «Les aceptamos solamente bajo nuestros términos». Algunos padres se tomaron esto como una actitud paternalista, como si el maestro se encontrase en la posición más elevada de la cadena alimenticia y supiese más que nadie sobre todos los temas. Además, los padres descubrieron que la comunicación brillaba por su ausencia: los eventos y los cambios de política se compartían tarde y muchas veces de manera desarticulada. Parecía que el cuerpo docente tomaba las decisiones para agradar a los maestros, sin pensar a veces en los padres. Las fechas del calendario y los horarios cambiaban a su antojo, lo que provocaban enormes dificultades para las madres y padres que trabajaban. A nivel del consejo, el personal docente parecía estar agradecido por las donaciones y el tiempo de voluntariado, pero cuando había un problema real, como una partida individual del presupuesto para las becas, los padres miembros del consejo sentían que se menospreciaban sus opiniones. En la comunidad había numerosos antiguos miembros del consejo que hablaban abiertamente sobre las cuestiones de poder y control en la escuela.

Como suele ocurrir, un evento actuaba como catalizador para el descontento de los padres. El tercer grado había estado en apuros durante más de un año. Los niños volvían a casa quejándose, los padres parecían encontrar al maestro inaccesible y el personal docente pasaba gran parte del tiempo intentando salir adelante. La gestión de la clase era la raíz del problema y dos niños fueron considerados como los cabecillas. Estos niños, que hicieron pasar malos ratos a todos sus maestros, respondían solo si se les prestaba mucha atención y parecían decididos a interrumpir cada lección. Últimamente sus comportamientos y la incapacidad del maestro para trabajar con ellos eran evidentes incluso durante las asambleas. Los padres se dieron cuenta y expresaron su preocupación entre ellos y a los maestros, lo que únicamente pareció agravar el problema. Tras unas interminables reuniones, el cuerpo docente decidió solicitar la expulsión de la escuela de uno de los niños, que se hizo efectiva al lunes siguiente. Se informó a los padres del niño mediante una llamada telefónica nocturna de un maestro que obviamente había aguantado mucho y no tenía tiempo o energía para hablar con ellos detalladamente. Los padres de este niño estaban destrozados, habían dedicado muchos años a la escuela para ser «despedidos» en un solo día. ¿No fue la escuela responsable hasta cierto punto por permitir que el problema continuase tanto tiempo? ¿Dónde estaba la responsabilidad del cuerpo docente?

Sin embargo, la tristeza de la madre y el padre no fue nada comparado con la indignación por la injusticia percibida que se extendió al resto de padres. Consideraban que no se les había contado todos los hechos y nadie parecía interesado en explicarlos. ¿Creían los maestros que tras años trabajando con los padres para fomentar la comunidad y construir un sentido de pertenencia, en esta ocasión, éstos dejarían atrás sus sentimientos y su compromiso común? La situación se corrompió todavía más cuando los padres se dieron cuenta de que, de los dos niños problemáticos, al que no expulsaron era hijo de un miembro del cuerpo docente. Algunos padres solicitaron una reunión con los maestros. Al ser cuestionados, el personal docente cerró filas y no respondió nada más que para hacer una declaración de superioridad en el boletín semanal afirmando las prerrogativas pedagógicas de los maestros en una escuela gestionada por el personal docente. Los padres se sintieron utilizados y maltratados.

El déficit de la escuela iba en aumento, en parte debido a un incremento de las becas, los pagos atrasados de las matrículas de los estudiantes y el fracaso en el llamamiento anual para obtener donaciones.

Tras años de uso, el edificio necesitaba ahora atención y los puestos se habían creado más rápido de lo que los sueldos habían aumentado. A diferencia de años anteriores en los que había habido déficit, los miembros del consejo parecían desconectados del problema. Siempre que el déficit aparecía como un asunto, se enviaba a otro comité para más información. Todos parecían estar evitando el problema o por lo menos estar poco dispuestos a hacerle frente.

Definitivamente, en los dos últimos años, esta Escuela Waldorf había adquirido un extraordinario número de maestros recién formados que necesitaban orientación por parte de un mentor. Sin embargo, el informal sistema de mentorización que había estado vigente desde los primeros días ya no parecía adecuado. El cuerpo docente, ya al límite de sus posibilidades, necesitaba un nuevo impulso en su mentorización y evaluación.

Pero detrás de todos estos asuntos «presentes», una preocupación más fundamental acechaba entre los maestros: desarrollar el programa de mentorización, equilibrar el presupuesto y forjar una alianza sólida entre padres y maestros requería una energía y un tiempo que simplemente no disponían. En parte, la gente parecía constantemente ocupada y distraída por dentro. Más allá de esto, su propósito y visión central parecían estar decayendo. Los niveles de frustración habían aumentado. Algunos maestros se centraron únicamente en sus clases y otros no estaban dispuestos a dar un paso al frente por temor a ser despedidos. Además, había interrogantes que planeaban y no solían expresarse pero que, sin embargo, se percibían cada vez que se celebraba una reunión: ¿Qué entendemos por «escuela gestionada por un cuerpo docente» o «administración autónoma»? ¿Cómo desarrollamos las habilidades para llevar a cabo nuestra visión de la escuela, inspiramos confianza y seguridad, y transformamos la comunidad? ¿Qué tipo de liderazgo necesitamos en esta etapa de la vida escolar? Para aquellos que eran conscientes de estas preguntas, estaba claro que una solución rápida de los problemas superficiales (como el déficit y la expulsión de un alumno) no funcionaría a menos que se abordasen las cuestiones fundamentales de la administración y la directiva de la escuela.

Como miembro destacado de la comunidad escolar, Sarah había estado experimentando, incluso adquiriendo, algunos de estos problemas mucho antes de que fuese consciente. Utilizó su talento personal al máximo, y tanto ella como el resto, se sorprendieron por lo que podían hacer para «mantener las cosas a flote» con un mínimo de tiempo y experiencia. Lo que faltaba en la formación y en la preparación se compensaba con el desembolso en recursos humanos. Esta fue una de las razones por las que la escuela había funcionado tan bien durante tantos años.

Y, por tanto, Sarah también era parte del problema. Al prolongarse una y otra vez, se hizo cargo personalmente de cosas de las que podría haberse encargado el grupo. Al asumir más de lo que era saludable para una persona, su sistema inmunológico se fue debilitando poco a poco. Los educadores Waldorf hablan de *fuerzas vitales* que reponen y renuevan al ser humano. Cuando las fuerzas vitales están debilitadas, como sucede con la falta de descanso, el exceso de trabajo y el estrés, el sistema inmunológico se ve afectado y uno es más propenso a caer enfermo. El proceso puede ser paulatino, aunque suele producirse un debilitamiento general: uno es menos capaz de realizar varias tareas al mismo tiempo, aumenta la ansiedad y la vida emocional se vuelve más inestable. Sobre todo, uno simplemente es menos capaz de hacer lo que tan bien ha hecho antes. Puesto que Sarah era menos capaz de seguir el ritmo de su trabajo, las tareas administrativas que llevaba a cabo no fueron atendidas y varias piezas de la escuela no funcionaban como antes. Se produjo una brecha entre lo que la gente pensaba que estaba sucediendo, en base a experiencias pasadas, y lo que estaba ocurriendo en realidad. Nadie sabía qué pasaba y las reuniones no proporcionaban una información que diese una imagen completa del estado de la Escuela Waldorf Morning Glory. Como el sistema inmunológico de Sarah se debilitó, la vida orgánica de la escuela se deterioró. Su salud y la de la escuela estaban entrelazadas.

No es de extrañar que finalmente su cuerpo se revelara. Un estrés que se vuelve aflicción termina afectando al sistema inmunológico. La historia de Sarah no es excepcional; la mayoría de los maestros experimentan uno o más de los síntomas retratados aquí, aunque suelen pasar inadvertidos. El problema puede detectarse de un modo impreciso y general, pero la gravedad de casos particulares puede pasar desapercibida durante mucho tiempo. Mientras tanto, el maestro afectado influye en la calidad de la toma de decisiones de la escuela, en la relación con los padres y la comunidad y, lo más importante, en el contacto con los niños. Es difícil enseñar bien si uno mismo no se encuentra bien. La salud de los maestros y la de la escuela importan más de lo que se podría pensar. Los niños absorben todo, saben, responden y se ven afectados.

Como sucede con la mayoría de las cosas de la vida, el paso inicial más importante es reconocer el fenómeno, ver que realmente está ahí y conocer los síntomas en cuanto aparecen. Sarah mostraba muchos de los clásicos signos de estrés:

- Sensación de impotencia, frustración e incluso ira;
- Pensamientos, lenguaje y sentimientos negativos; desilusión general;
- Una brecha creciente entre las expectativas y la realidad percibida;
- Sentimiento de insatisfacción personal que puede impedir la motivación y conducir a un mayor agotamiento, creando experiencias del fracaso que podría denominarse «impotencia aprendida»;
- Reducción de la vida social, desinterés, distanciamiento de las amistades, la familia y los compañeros;
- Menor dosis de idealismo, aumento del egocentrismo y del cinismo;
- Absentismo o, al menos, situaciones en las que el maestro está presente físicamente, pero mentalmente se encuentra en otro sitio.

Es importante tener en cuenta que el estrés es un fenómeno cotidiano; todo el mundo experimenta estrés de uno u otro tipo. Se trata de un aumento y una acumulación de eventos que pueden provocar un daño irreversible, incluso agotamiento. La mayoría de las personas reconocen las principales tensiones de su vida y se solidarizan con un amigo cuando se produce un fallecimiento en la familia, un divorcio o un cambio de residencia. No obstante, la acumulación constante de tensiones menores puede ser igual de peligrosa, especialmente porque suelen pasar inadvertidas. Como hemos visto, cuando las fuerzas vitales, esa cualidad indispensable del crecimiento, disminuyen con el paso del tiempo, el sistema inmunológico finalmente se debilita y puede aparecer una enfermedad física.

Los maestros suelen informar de fuentes de estrés escolar o institucional, como por ejemplo: la disciplina en el aula, las presiones administrativas, los padres difíciles, los conflictos de intereses y ambigüedades, el aislamiento profesional, la falta de progresión y crecimiento profesional, las altas exigencias sumadas a unos escasos recursos para satisfacerlas, los problemas interpersonales y los conflictos sin resolver. En particular, los maestros de las escuelas públicas denuncian una oposición a las normativas y procedimientos, su escasa participación en la toma de decisiones, la falta de libertad y la ausencia de redes apoyo social o comunitario para maestros.

La demografía del agotamiento del maestro nos da una idea de los tipos de maestros que corren mayor riesgo. Incluye a los que son jóvenes, a los de primer ciclo de secundaria y de bachillerato (preparatoria), a maestros varones y solteros, a los de escuelas rurales y a aquellos con una actitud negativa. El hecho de que tantos maestros estén representados en la demografía de agotamiento evidencia una brecha entre las expectativas de los padres y la administración y la realidad percibida por el maestro. Esta brecha crece tanto que en algún punto el abismo se abre y el maestro desorientado cae.

He experimentado con frecuencia la brecha entre las expectativas y la realidad. Hasta cierto punto, esto es parte de la vida y puede llevar a la humildad y al esfuerzo de superación. Pero en otras ocasiones, la brecha es demasiado grande y el sentimiento de incapacidad puede volverse corrosivo. Hace algunos años tuve que dar una charla en una universidad. Mi formato habitual es una parte para la presentación, una para el taller en el que los participantes se unen al proceso por medio de actividades, un turno de preguntas y una conversación. Pero esta vez me dijeron que la charla sería en un gran auditorio con asientos fijos; los estudiantes estaban matriculados en programas de educación y no tenían experiencia previa en la educación Waldorf. Mi ansiedad únicamente aumentó cuando visité el edificio con antelación y me pareció que la habitación era demasiado fría, con paredes de bloques de hormigón y filas de asientos. Parecía que lo que se esperaba de mí, sumado al formato y la estructura de la habitación, me estaba conduciendo a ser algo que no quería ser: un conferenciante. Había una gran diferencia entre lo que era capaz de ofrecer y lo que se me pidió que ofreciese. La experiencia de esta brecha me dio una sensación de vacío y durante un tiempo me quedé paralizado y no pude prepararme.

Al final descubrí una forma de realizar la presentación con ejercicios de canto y concentración a base de palmadas rítmicas. Aprendí una lección importante experimentando esta brecha entre expectativa y realidad. Lo que siento dentro de mí (mi sentimiento de confianza y mi habilidad para cumplir con las expectativas de mi trabajo) es de vital importancia para lo que soy capaz de lograr. Y tanto si tengo confianza en mi trabajo como si me pierdo en la confusión va a afectar a la salud de la escuela o institución con la que trabaje.

De este modo, mi bienestar interior es una cuestión espiritual. Todos hemos visto o formado parte de un grupo cansado y desilusionado. De repente, con la incorporación de un nuevo miembro con una energía y entusiasmo vibrante, ¡el grupo comienza a cambiar! Las personas suelen atribuir este cambio positivo en un grupo a la personalidad del nuevo miembro. Creo que es excesivamente simple. También es la senda espiritual y las intenciones vitales de la nueva persona que habla con el grupo en cada mirada, frase y gesto. Importa muchísimo quién ingresa en una escuela. En cada decisión de contratación, más que ocupar un puesto, también estamos ocupando una posición humana. Y esa posición humana se dirige tanto a padres como a maestros, lo que mejora o empeora la salud de la comunidad. Debemos buscar seres humanos que nos puedan ayudar con las tareas sociales de una escuela en particular, y cuando tengamos la suerte de encontrar a la persona con las capacidades necesarias, el resto de nosotros tendremos un estímulo para desarrollar aún más las nuestras.

No tener a donde ir

En esas semanas en casa, durante uno de sus momentos de lucidez, Sarah se encontró diciendo, «Mi clase y mi trabajo han desaparecido. Estoy totalmente sola». Lo que había sido una vida llena de relaciones con personas con todo tipo de experiencias compartidas se había reducido a una habitación con cuatro paredes y muchas horas de contemplación. Sarah se dio cuenta de que su anterior vida se había acabado. La seguridad de la rutina, los días llenos de gente con experiencias sin ordenar, los muchos detalles: todo había desaparecido. En su lugar, ahora había un espacio vacío. Sarah se sentía poca cosa en ese espacio.

Entonces surgió la pregunta: «¿Quién soy yo?». Su yo se había definido durante mucho tiempo por sus papeles: madre, maestra, esposa, organizadora. Sus circunstancias externas la habían formado, habían moldeado su vida interior e incluso sus pensamientos. Su mundo había estado lleno de lo que los demás querían que ella fuera. Y ella estuvo ahí para agradar y ayudar al resto. Ahora, en este momento de la enfermedad, tenía que hacer frente a la pregunta: «¿Quién soy y que se supone que estoy haciendo con mi vida?».

Una y otra vez se hacía esta pregunta; resonaba a través de ella como una campana. Sentía que necesitaba una respuesta antes de que pudiera recuperarse. Unos días más tarde, mientras estaba sentada en su mecedora hojeando la Biblia familiar, Sarah encontró unas palabras del Evangelio según San Mateo que salieron de la página y fueron derechas a su corazón: «Y he aquí, yo estoy siempre con vosotros todos los días, hasta el fin del mundo» (Mateo 28:20). Estas palabras fueron infinitamente reconfortantes. Esto la condujo, a su vez, a las ideas de un anciano nativo americano que había ido a su clase y contado historias a los niños. El anciano explicó a los niños que los nativos nunca se sienten solos. Creen que hay una energía y un espíritu en todas las cosas. Esto se debe a que los nativos se refieren a los seres vivos como «todas mis relaciones», así se trate de un árbol, un pájaro o una piedra. El anciano también dijo que todas las cosas, incluidas los seres humanos, forman parte de lo que los nativos denominan el Gran Misterio y por lo tanto nunca debemos sentirnos solos o sin ayuda. Cuando nuestras cargas parezcan demasiado pesadas, es el momento de buscar algo más grande que nosotros mismos. Estos pensamientos y palabras le dieron una pista, una pequeña semilla que Sarah sabía que podía alimentar y crecer con el tiempo. Se dio cuenta de que no podría solucionar sus preocupaciones y problemas por sí misma, sino que era un indicio de su viaje espiritual. Echó su cabeza hacia atrás y durmió como no lo había hecho desde hace mucho tiempo.

En las semanas y meses venideros, Sarah emprendió la tarea de su renovación personal con el mismo compromiso y determinación que había puesto en el resto de cosas que había hecho en su vida. Decidió no volver a enseñar hasta convertirse en una nueva persona, y no solo en cuanto a su salud física. Pronto se dio cuenta de que no se encontraba sola en sus retos. Un gran número de compañeros compartieron aspectos del desequilibrio que finalmente la había hundido. Su búsqueda, porque es en lo que rápidamente se convirtió, era más que personal. Comprendió que al cuidar de sí misma, estaba haciendo realmente un servicio a sus compañeros y a toda la escuela. Su primer paso fue averiguar lo que le había sucedido. Tenía la necesidad de explorar las sombras, así como las oportunidades de crecimiento.

Los siguientes capítulos contienen los resultados de la búsqueda de la renovación de Sarah, un proceso que la llevó a muchos lugares inesperados. De hecho, explorar lo desconocido fue una parte esencial de su viaje espiritual. Si trabajamos de forma rutinaria con lo que ya conocemos, solo examinamos superficialmente las realidades más profundas. En particular, los maestros tienen que protegerse de esta tendencia, ya que en el empuje de preparación y en la necesidad de expresar y compartir de inmediato lo que acaba de asimilarse, existe una predisposición natural hacia el polo consciente de la vida. Sin embargo, en este enfoque se pueden usar todos los recursos internos. En lugar de concentrarse constantemente en lo que uno ya sabe, a veces es mejor asumir un riesgo real con respecto a la propia alma. Esto es lo que Sarah decidió hacer con valentía.

Los temas que se tratan en el resto de este libro pueden verse como los consejos que Sarah y otros maestros y padres compartieron conmigo durante varios años de trabajo con escuelas. No existe una receta u hoja de ruta para la renovación escolar, pero las experiencias compartidas señalan que hay algunos senderos que pueden conducir al resurgimiento. Estos senderos no son lineales sino de naturaleza elíptica. Vivimos experiencias que nos pueden dar el valor para continuar con nuestra búsqueda espiritual.

3

ES UN ACTO DE EQUILIBRIO

Dos compañeros de viaje

A orillas del Mediterráneo el sol sabe realmente cómo brillar. Es tan potente que tuesta a la gente de un marrón caoba; y el joven sabio que vino desde el norte, donde todo el mundo es tan blanco como los aprendices de panadero, pronto aprendió a mirar con recelo a su vieja amiga la sombra. En el sur uno se queda en casa la mayor parte del día con las puertas y las persianas cerradas. Las casas parecían como si todo el mundo estuviese durmiendo o no hubiese nadie dentro. El joven extranjero se sentía como si estuviese en prisión y su sombra se enrollaba sobre sí misma hasta que era más pequeña de lo que nunca antes lo había sido. Pero tan pronto como se ponía el sol y una vela iluminaba la habitación, de nuevo aparecía la sombra. Era un auténtico placer verla crecer, la pared se extendía hacia arriba hasta que su cabeza casi alcanzaba el techo.

A la tarde siguiente, el joven se encontraba sentado en su terraza como de costumbre. La lámpara ardía brillantemente desde su habitación y como a su sombra le faltaba luz, ésta se había extendido hasta llegar a la terraza de enfrente. Cuando el joven se movía, su sombra hacía lo mismo. «Creo que mi sombra es el único ser vivo de allí», murmuró. «Mira cómo se ha sentado entre las flores. La puerta de la terraza está entornada. Si mi sombra ahora fuese lista, entraría dentro y echaría un vistazo; luego volvería y me contaría lo que ha visto. Sí, debes ganarte el pan», dijo bromeando. «Ahora entra. ¿Me oíste? ¡Ve!». Le hizo un gesto con la cabeza a su sombra y ésta se lo devolvió.

«Sí, ¡ve! Pero acuérdate de regresar de nuevo». Ahí acabó la conversación entre él y su sombra. El joven se levantó y la sombra en la terraza de enfrente se levantó; el joven se dio la vuelta y la sombra hizo lo propio; pero entonces sucedió algo que nadie vio. La sombra entró en su habitación y cerró las cortinas tras de sí.

A la mañana siguiente, de camino a la cafetería en la que desayunaba y leía el periódico, el sabio descubrió que no tenía sombra. «¡Así que te fuiste anoche!», se asombró.

Instalado de nuevo en su país, el hombre escribía libros sobre todo lo que es verdadero, bello y bueno. Los días se convirtieron en años. El sabio era ahora filósofo; y los años se convirtieron en muchos. Una tarde mientras estaba sentado solo en su habitación alguien dio un golpe muy suave a la puerta.

«Adelante», dijo en voz alta. Pero no entró nadie, por lo que el filósofo abrió la puerta. Ante él se encontraba el hombre más delgado que jamás había visto, y a juzgar por su vestimenta, una persona de cierta importancia. «¿Con quién tengo el honor de hablar?», preguntó el filósofo.

«Como imaginaba», respondió el desconocido. «No me reconoces ahora que, por si fuera poco, tengo un cuerpo y ropa. Nunca hubieses pensado que te encontrarías de nuevo con tu vieja sombra. Las cosas me han ido bien desde que nos separamos. Si es necesario, ¡puedo comprar mi libertad!». La sombra sacudía su cartera repleta de monedas de oro mientras se tocaba la pesada cadena dorada que rodeaba su cuello. Tenía anillos de diamantes en todos sus dedos, y todos auténticos.

«¡Tengo que estar soñando!», exclamó el filósofo. «¿Qué está pasando?».

«Bueno, no es algo que suceda a diario», dijo la sombra, «pero desde luego tú no eres una persona normal. Nadie te conoce mejor que yo, ¿no dí contigo tus primeros pasos? En cuanto descubriste que podía ir solo por el mundo me dejaste marchar. Los resultados son evidentes. Sin presumir, puedo decir que pocos podrían haberlo hecho mejor...».

«Salía solamente por la tarde; luego daba una vuelta a la luz de la luna y me alargaba por las paredes para quitarme de encima mi propia espalda. Calle arriba y calle abajo iba atisbando tanto las ventanas de los áticos como los salones. Veía lo que nadie había visto, ¡lo que nadie debería ver! En realidad, es un mundo horrible y no sería humano si no fuera tan apetecible. Veía cosas que han de ser impensables; y éstas no solo las hacían los maridos y esposas, sino también los padres y sus dulces e inocentes hijos. Vi todo lo que el hombre no debe saber, pero lo que más fervientemente desea: su mal al prójimo», decía la sombra. «Si hubiese escrito un periódico, todo el mundo lo hubiese leído; pero, en cambio, escribía directamente a cada persona y provocaba el pánico en cada ciudad a la que iba. ¡La gente me temía tanto que me tenía cariño! Las universidades me otorgaron títulos honoríficos, los sastres me hicieron ropa y las mujeres me decían que era apuesto. En una palabra, cada uno me daba lo que podía y así me convertí en el hombre que soy... Pero se está haciendo tarde y debo decir adiós. Aquí tienes mi tarjeta. Vivo en el lado más soleado de la calle y siempre que llueve estoy en casa...».

Las cosas no mejoraron para el filósofo; al contrario, la pena y la tristeza se habían adueñado del ambiente. Por lo general, sus opiniones sobre lo verdadero, lo bello y lo bueno interesaban tanto al público como las rosas a una vaca. Al final cayó gravemente enfermo. «Pareces una sombra de lo que eras antes», le decía la gente. Cada vez que oía esas palabras un escalofrío le recorría la espalda.

«Deberías ir a un balneario», le sugirió la sombra cuando fue a visitarlo de nuevo. «No hay otra opción. Te llevaré para recordar los viejos tiempos. Yo pagaré los gastos y tú hablarás e intentarás entretenerme durante el viaje. Me voy a un balneario porque mi barba no crece. Eso también es una enfermedad, ya sabes, las barbas son necesarias. Si eres sensato, aceptarás. Viajaremos como amigos».

Y así fue como viajaron; la sombra hacía de amo y el amo hacía de sombra. Así fuesen en autobús, a caballo o simplemente caminando, siempre iban el uno al lado del otro y la sombra permanecía de frente o de espaldas, según la posición del sol. Sabía cómo crear la impresión para parecer superior...»

«¡Qué extraño!», comentó el filósofo después de que la sombra se había marchado.[1]

Es increíble cómo solemos predisponer nuestro mayor temor para finalmente vernos obligados a enfrentarnos a él. Es casi como si hubiese una intención detrás de nuestra incompletitud, una tendencia que ha estado tan atrapada en determinadas costumbres que tenemos que escapar de ella y cambiar el curso.

Sarah se dio cuenta pronto en su búsqueda de la renovación de que su autocomplacencia había sido su peor enemiga. Tuvo que enfermar para dar un cambio radical y volver a analizar no solo lo que estaba haciendo sino también como estaba viviendo. Su derrumbe fue el resultado de años de acumulación. Tenía que dejar de lado la educación que ponía en práctica a diario en la escuela e iniciar una educación por su cuenta. Algunas personas pueden abordar las cosas de un modo superficial e imaginar que simplemente se trata de una cuestión de superación de la enfermedad o quizás eludirla o evitarla. Esto no funciona, sobre todo con costumbres arraigadas. Sarah no podía cambiar sus viejas costumbres de permitir, hacer las cosas con poco y acometer a toda prisa las experiencias en lugar de vivirlas hasta que realmente las hubiese dominado y adoptado por completo.

Mientras leía cuentos, Sarah se topó con uno que no había visto antes. Las partes de la historia, de Hans Christian Andersen, se citan al principio de este capítulo. Así que fue en una etapa inicial de su recuperación cuando Sarah encontró a un particular compañero que había estado siguiéndola durante toda su vida: su sombra. Puesto que ella analizaba sus interacciones con los colegas y las muchas reuniones que había experimentado a lo largo de los años, ahora podía reconocer algunas de las interacciones de la sombra que con tanta frecuencia la habían llevado a esa particular frustración, en gran parte porque no veía completamente lo que estaba sucediendo en el momento. Una vida de conocimiento a medias suele ser la experiencia más frustrante. Te deja con una vaga sensación de malestar, pero debido a que hay menos claridad, perdura en la conciencia, merodeando incluso cuando se están haciendo otras tareas o tratando de irse a la cama por la noche.

Sarah reconoció que a pesar de las estrechas relaciones entre compañeros que había experimentado, la mayoría de las veces en esas interacciones también habían intervenido energías «negativas»: momentos de auténtica hostilidad, conflictos de poder esporádicos e incluso relaciones personales poco apropiadas. Había sentido estas experiencias con la sombra pero no le funcionaron. Casi existía una regla no escrita de no reconocerlas. Como consecuencia, a veces adquirían proporciones descomunales. En su libro *The Archetypes and the Collective Unconscious (publicado en español como «Arquetipos e inconsciente colectivo»)*, C. G. Jung tiene esta extraordinaria descripción:

> La sombra personifica todo lo que el sujeto se niega reconocer acerca de sí mismo y aún así siempre está lanzándose directa o indirectamente contra sí, por ejemplo, rasgos inferiores del carácter y otras tendencias incompatibles. Esta parte inferior de la personalidad con tendencias tanto buenas como censurables es incompatible con la actitud consciente escogida. De este modo, suele negarse la expresión en la vida y, por tanto, tiende a fusionarse en una personalidad fragmentada relativamente autónoma que es contraria a las tendencias del inconsciente. La sombra se comporta de manera compensatoria a la conciencia.[2]

Puede darse una especie de autoengaño cuando el misterioso doble es capaz de coexistir con el ego superior o el *Yo* pero no se reconoce. Es como si uno ve los aspectos «claros» sin integrar los aspectos «oscuros» de la personalidad. El resultado de este autoengaño es que la sombra conduce al alma a una vida secundaria y poco saludable que sorprende y frustra nuestro esfuerzo humano. Sobre todo en la profesión docente, en la que los individuos trabajan por el amor a los niños y por el idealismo espiritual, es posible tener una sombra que desempeñe un papel más importante del que uno podría imaginar. Como en el caso de Sarah, muchos maestros trabajan para crear un entorno saludable y holístico para los niños, aunque suelen prestar menos atención a la integración del aspecto de la sombra del yo. La tendencia más sencilla y más natural es la de ignorar los aspectos de uno mismo y dedicar toda la energía a nutrir los de los demás. Después de todo, en la sombra se encuentran muchas cosas que pueden ser vergonzosas, feas e incluso aterradoras. Sin embargo, la sombra también puede contener cualidades positivas, como instintos normales, reacciones adecuadas, percepciones realistas e incluso impulsos creativos. Necesitamos tanto la claridad como la oscuridad para experimentar el color y la diversidad.

Como consecuencia de estas lecturas y reflexiones, Sarah decidió volver a examinarse a sí misma teniendo en cuenta las descripciones de la naturaleza humana que Rudolf Steiner denominó cuerpo astral o emocional. Steiner indicó que tenemos este rasgo en común con los animales: una sensibilidad a nuestro entorno y nuestra vida emocional y afectiva. Esta sensibilidad a nuestro entorno nos permite ser conscientes de nuestros pensamientos, sentimientos e impulsos. Sarah decidió que debía comprender mejor la vida afectiva en general, entre la que se incluye las simpatías y antipatías que operan en las interacciones humanas. Pero antes de hacerlo, planteó unas cuantas preguntas para que la ayudaran a reconocer con mayor conciencia su propia sombra y la de los demás en el futuro:

- ¿Me falta claridad en mi relación con una determinada persona?
- ¿Estoy sintiendo una falta de claridad entre dos personas de mi entorno que puede afectar a mi trabajo en la escuela?
- Si experimento sentimientos intensos, ¿de dónde proceden?
- ¿Qué parte de esta percepción afectiva proviene de mí y qué parte se estimula desde el exterior?
- ¿Qué puedo hacer para aclarar mis emociones y realizar mi trabajo personal antes de volver a entrar en una determinada reunión?
- ¿Estoy trabajando constantemente a partir del mismo «gesto», la misma costumbre o la vieja forma de hacer las cosas? ¿Soy capaz de instar a una experiencia espiritual más completa que deje margen para práctica de la salud?
- Si el consenso sobreentendido no suele ver «sombras» (ni individuales ni escolares), ¿cómo puedo hallar la pregunta adecuada para llevar el asunto a la vista de la conciencia?

- ¿Puedo utilizar mi conciencia y mi lucha interior para construir un nuevo andamio de luz y significado para la vida cotidiana?
- ¿Cómo puedo ayudar a crear un clima en nuestra escuela en el que la gente pueda comunicarse por completo a todos los niveles?
- ¿Cómo puedo ayudar a los que me rodean a que se den cuenta de que la integración de todos los aspectos de uno mismo es necesaria para una enseñanza y una vida saludable?

Otro compañero

Era un día especialmente radiante a comienzos de primavera cuando Sarah fue capaz de sentarse afuera en su porche por primera vez en muchas semanas. Envuelta en su *afghan*, se balanceaba ligeramente maravillándose de los árboles llenos de brotes, los brillantes narcisos y los verdes pastos. Sus sentidos parecían despertar de nuevo; los colores, los sonidos e incluso el gusto de aquel día primaveral parecían más vivos que antes. Sarah sentía estas impresiones con una nueva conciencia. Mientras se maravillaba de esta belleza, se acordó de las líneas de una conferencia que había leído hace años, en la que Steiner manifestaba: «Nuestro Ángel reside en los rayos de Sol que penetran en nuestros ojos, haciendo visibles los objetos... Los Seres de los Ángeles viven en las ondas de sonido, en los rayos de luz y color y en otras percepciones sensoriales».[3]

¿Por qué este pensamiento vuelve a ella justo en este momento? ¿Cuál era el significado de esta declaración? ¿Quién es este Ángel que habita incluso en la naturaleza? Entonces pensó en la fábula africana de Eleggua, el embaucador que lleva un sombrero que es negro por un lado y verde por el otro. Un día, caminando por la carretera, Eleggua provoca a dos hombres en lados opuestos del camino para que discutan. Uno está convencido de que ha visto a Eleggua con un sombrero verde. El otro está seguro de que el sombrero es negro. Eleggua simplemente se ríe porque su sombrero es tanto verde como negro. Esta dualidad del blanco y el negro, del bien y el mal se encuentra en todas las culturas. Sarah decidió explorar estas cuestiones con mayor profundidad en los días de recuperación que le quedaban.

Encontró referencias en las *Meditaciones* de Marco Aurelio, un emperador romano y filósofo estoico del siglo II d. C., visto como un Ser Líder para el «demonio». El mismo Zeus dio este Ser Líder a los humanos como una partícula de su propia naturaleza. Al consultar otras fuentes, descubrió que los romanos hacían referencia con frecuencia al «genio» con el que los hombres de relevancia, en particular, estaban en deuda por las inspiraciones y habilidades especiales. Los griegos, y posteriormente los primeros cristianos, utilizaron el término «ángeles» para describir al «predicador» o mensajero de Dios. Los pueblos del norte de Europa hablaban de las valquirias, las vírgenes con sus resplandecientes cotas de malla y alas de cisne que guiaban al destino de la batalla. El filósofo griego Sócrates describió sus intercambios de vivencias con un Tú superior que le daba consejos y mucha sabiduría hasta el periodo de su encarcelamiento. Sócrates sentía que podía encomendarse a este ser superior que se postuló como mediador entre lo terrenal y las esferas divinas.[4]

Sarah también leyó el libro de Alice O. Howell *The Dove and the Stone* para buscar lo sagrado en lo corriente. Le gustaba especialmente la definición de esta cualidad angelical o esencia divina como el «invitado divino» que reside en todos y cada uno de los seres humanos. Como maestra Waldorf, Sarah se interesó sobre todo por los escritos de Ruldolf Steiner. El siguiente pasaje en *Man and His Angel*, de Richard Meyer, que cita a Steiner, apeló sinceramente al corazón para la lucha de la maestra:

> Uno puede desarrollar el ejercicio de contemplar la vida del prójimo y las expresiones de su carácter con los ojos de sus ángeles, con mirada de confianza dirigida a lo que está en proceso de conversión». En una ocasión Steiner describió en una conversación los efectos ocultos que el ángel tiene en el alma del hombre: «Los ángeles quieren liberar ideales dentro de ellos para el futuro», y a través de las imágenes que les permiten sumirse en las almas de los durmientes, «mantienen el objetivo futuro de que cada ser

humano ve una esencia divina oculta en cada uno del resto de seres humanos.[5]

Cuando el espíritu humano se endurece en el intelecto terrenal, este espíritu divino se vuelve menos eficaz. Un antídoto es conservar una naturaleza infantil en el interior. Esta naturaleza angelical es la más cercana al niño y, puesto que el niño se convierte en un adulto, este espíritu se retira poco a poco y traslada su actividad a la periferia de la vida, aportando sabiduría y claridad únicamente de forma indirecta para encontrarse con el espíritu interior, a veces solo dando pistas o un estímulo. Estas oportunidades de crecimiento libres se pueden utilizar o no. Estos momentos pueden venir a través de un comentario, una frase de un libro o un pensamiento de trabajo en un momento de transición. Jung se refirió a estos momentos como de «sincronicidad», algo simbólico de nuestro mundo interior que se refleja en el mundo exterior. Por ejemplo, una noche de verano una amiga estaba sentada con su marido en la terraza trasera de su casa contemplando las estrellas y discutiendo los retos que había experimentado en su relación con un anciano nativo americano que conocía. Este anciano pertenece al Clan del Oso. En ese momento oyeron un gran golpe y su perro empezó a ladrar. Cuando la mujer fue hasta el final de la terraza y encendió la luz del porche, allí, a unos tres metros, había un enorme oso negro. Este es un momento de sincronicidad. La oportunidad de crecimiento llega preguntando, ¿qué significa esto para mí?

Otra pista de esta naturaleza angelical consiste en observar qué sucede en esos momentos en los que se nos impide hacer algo: El ángel «espera ver lo que el hombre comenzará a hacer con su libertad... el ángel espera. La habilidad de tener paciencia y autocontrol es la virtud de los ángeles; su crecimiento a la luz divina se conecta directamente a la comprobación de esa lealtad, de esa fidelidad».[6] Cuando nos obligan, nos examinan o nos agobian, es muy difícil crear espacio para la fidelidad, una cualidad que nos permite dejarnos llevar y confiar en lo invisible o, como el gran racionalista Sócrates denominó, el «Tú superior» que se introduce en nuestras vidas cotidianas. Para muchos maestros a los que se les pide que estén atentos y presentes cada minuto del día, formando parte, motivando y dirigiendo a un grupo de niños, soltarse no forma parte de la descripción de su trabajo. Las exigencias de la enseñanza requieren la seguridad y proyección del yo. De hecho, la mayoría de maestros con experiencia emiten un sentido de autoridad que funciona con los niños. (Se considerará más tarde si esto es siempre lo mejor para las interacciones entre padres y maestros.) Sin embargo, esta práctica diaria de liderazgo en el aula de estar todo el rato «encima» puede ser la práctica espiritual opuesta a dejarse llevar por la naturaleza infantil de lo angelical. La práctica espiritual personal del maestro debe entonces asumir el equilibrio: la actitud abierta y receptiva que pueda permitir la extracción de una nueva sustancia que es más grande que uno mismo, lo que los budistas zen llaman el Vacío y los filósofos chinos denominan el Tao.[7] Una práctica espiritual personal no puede ser un requisito para un puesto docente en la mayoría de escuelas, pero es necesario desde el punto de vista de la renovación.

Se podría decir que en el aula el maestro se convierte en el foco de atención o se hace más grande, pero en la práctica espiritual personal el maestro debe disminuir o hacerse más pequeño. Aunque los alumnos, sobre todo en la escuela primaria, podrían ver, y con razón, al maestro como la fuente de sabiduría, compartiendo los gustos de Pitágoras y Buda, el ser humano asiste a clase en el momento en el que el maestro está probablemente menos desarrollado interiormente. Si este contraste es consciente, puede conducir a una humildad saludable. La sensación de que «no soy tan grande como lo que se me permite enseñar» puede llevar por un sendero espiritual que fomenta la integración y la renovación. Se puede tomar más consciencia de los dos compañeros, tanto la sombra como el ángel, que nos acompañan a lo largo de la vida. Como dice el Salmo 91: «Porque él te encomendó a sus ángeles para que te cuiden en todos tus caminos».

La chispa de la vida

En la leyenda, Prometeo es el amigo de los mortales que reta a Zeus, roba el fuego de los cielos y lo lleva en el tallo de una cañaheja para dárselo a los hombres. Los dioses lo castigan encadenándolo por siempre a una piedra en el Cáucaso, donde un águila le arranca el hígado una y otra vez siempre que le vuelve a crecer. El dramaturgo griego Esquilo añade este detalle a la historia: Prometeo sabe que Zeus tiene un hijo con la ninfa Tetis. Su hijo será más fuerte que su padre y finalmente le derrocará. Prometeo acepta su tortura en la piedra en lugar de revelar este secreto al dios, ya que al no revelarlo tiene poder sobre Zeus. De este modo, lo encadenan por siempre y sufre, aunque está seguro de su victoria final.[8]

Esta leyenda griega puede ayudarnos a comprender la batalla para la renovación personal y profesional. En primer lugar, tenemos el hígado, que es la sede física de las fuerzas vitales. Desde el punto de vista de la antroposofía, Steiner sugiere que esta fuerza vital, o el deseo de que todas las cosas crezcan, es algo que no solo compartimos con los animales sino también con el reino vegetal. En la historia de Prometeo, el hígado vuelve a crecer constantemente, de la misma manera que las fuerzas vitales trabajan a diario para reponer y renovar el cuerpo humano. Sin embargo, contrarrestando esta dinámica, encontramos el águila o buitre que devora repetidamente el hígado mientras Prometeo está encadenado a la piedra. Para los nativos, el águila vuela muy próxima al Abuelo Sol y por tanto es un símbolo de claridad e iluminación. Al igual que el águila vuela cerca de los iluminantes rayos del Sol, los humanos tenemos una cualidad similar al águila llamada «conciencia», que es alimentada por las fuerzas vitales innatas. Por consiguiente, hay una especie de batalla continua entre las fuerzas de la vida y la conciencia que se alimenta de ellas.

Una vez más podemos observar aquí el tema del equilibrio en el viaje hacia la renovación. En nuestra vida cotidiana trabajamos con estos dos elementos. En ella trabajamos de forma rítmica, comemos alimentos nutritivos, dormimos bien y experimentamos las artes, somos capaces de mantener nuestras fuerzas vitales. En particular, la jardinería y el trabajo con la naturaleza pueden mejorar este tipo de salud. Tal como indicó Steiner, el mundo vegetal es el ejemplo más claro de fuerzas vitales en el trabajo. Las plantas, los árboles y las flores crecen, y en esto se muestran las leyes del crecimiento. Como humanos, también tenemos conciencia. Pensamos en nuestras tareas, solucionamos problemas, participamos en cuestiones, nos preparamos para enseñar y reflexionamos sobre nuestras experiencias. Es nuestro ejercicio de conciencia lo que nos hace inequívocamente humanos, capaces de diferenciar entre el bien y el mal, lo correcto y lo incorrecto. Nos damos cuenta del mundo y del Yo Interior a través de nuestra conciencia. Sin embargo, en el ejercicio de esta libertad utilizamos las fuerzas vitales que de otra forma se usarían para la salud física. De este modo, hay dos extremos: podemos utilizar muy poco la conciencia y volvernos unos «auténticos vagos», respondiendo lo mínimo a estímulos externos y viviendo más como un vegetal que como una persona; o podemos estar tan despiertos y concientes, vivir con tanta fuerza en el pensamiento, que lleguemos a extralimitarnos en más de un aspecto. Cada vez que utilizamos nuestra conciencia consumimos fuerzas vitales que deben reponerse.

En la medicina china tradicional, el balance humano es visto no solo en el equilibrio del cuerpo, la mente y el espíritu, sino también en el equilibrio entre la persona y el ámbito social. Lo que se espera es que se pueda lograr el equilibrio mediante la búsqueda del balance entre el uso de energía y su almacenamiento. Cada tarea requiere una cierta cantidad de energía y la persona conciente de sí misma gastará solo la energía necesaria para una tarea determinada. El «yang», de dispersión activa, y el «yin», para almacenar y contener, deben compensarse con ingenio. Los cinco elementos (agua, madera, fuego, tierra y metal) representan las cinco fases del desarrollo, las cuales se llevan a cabo de una u otra manera en cualquier sistema vivo. El objetivo es equilibrar las cinco formas de energía en la vida cotidiana.[9]

A nivel práctico, hay cosas que podemos hacer para lograr equilibrio. Por ejemplo, después de una larga reunión en la que la gente ha hablado y vivido en el mundo de las ideas, es útil encontrar una actividad compensatoria, como pasear por la naturaleza, pintar con acuarelas, hacer música o simplemente disfrutar de un momento de tranquilidad y descansar. Ensimismarse, comulgar con la naturaleza, trabajar de manera artística y tomarse un rato de tranquilidad suele reponer y agrupar las fuerzas vitales. En cambio, una reunión, una conversación, una actividad exterior y la presión de la vida cotidiana suele dispersarlas.

Uno puede volverse cada vez más sensible a esta dinámica prometeica haciéndose constantemente la pregunta: ¿Cuándo me consumo y cuándo me repongo? Si una maestra como Sarah, o cualquiera de nosotros, puede aprender a escuchar esta pregunta, es posible prevenir enfermedades graves, ya que la mayoría de desequilibrios se producen primero a nivel interno antes de manifestarse en el cuerpo. ¿Cuántos de nosotros , al igual que Sarah, hemos pasado por un momento personal delicado o estresante solo por caer enfermos de repente con un resfriado o una fiebre terrible que nos obliga a parar, descansar y reflexionar? Hoy en día, el tema de la reposición (de fuerzas vitales) es especialmente importante para el ser humano. A diferencia de otras formas de vida, para nosotros la renovación física no llega de forma automática. Por ejemplo, si se corta un retoño, lo normal es que vuelva a crecer en poco tiempo. Cuando se corta una extremidad de un árbol, la savia fluirá libremente: una manifestación física de fuerzas vitales. Luego la extremidad intentará volver a crecer. En las plantas se activan unas fuerzas curativas tremendas cuando se produce una herida. Las fuerzas vitales de la planta expresan una mayor actividad cuando se hiere lo físico.

Entre los pueblos indígenas de todo el mundo, el chamán o curandero utiliza las plantas para sus poderes curativos. Además, el chamán viaja al campo de lo intuitivo, el mundo de los sueños y las emociones (por lo general, entra en trance utilizando tambores y cánticos). En este campo, el chamán puede hablar con el espíritu de la planta y encontrarse con el espíritu de la persona que está enferma. El último paso en este tipo de curación es que la persona enferma realice un acto simbólico. Entre el pueblo Navajo existe una ceremonia llamada Camino del Enemigo, en la que un soldado que ha estado en la batalla y ha matado a otros hombres debe dedicar unos días de canto, oraciones y ofrendas en un intento de volver a la armonía. Este tipo de acto simbólico tiene un aspecto práctico, en el que lleva la causa de la enfermedad a la conciencia de la persona que está siendo curada. Esta idea no es tan disparatada. ¿Cuántos de nosotros hemos encendido velas, utilizado rosarios o arrodillado para rezar por aquellos que están enfermos o sufriendo?

De la misma manera que el chamán utiliza las plantas y los aspectos emocionales e intuitivos de la vida humana y el comportamiento conciente para curar, Steiner también conecta estos aspectos de la vida a la curación. En antroposofía, Steiner sugiere que inicialmente existe un mundo físico de piedras y rocas. Luego hay un mundo de plantas que muestra la fuerza vital o la cualidad del crecimiento. A continuación, como vimos en la historia de Sarah, encontramos lo que Steiner define como cuerpo o ámbito «emocional» o sensible. Steiner señaló que, además de la fuerza vital, los animales también tienen un ámbito de la conciencia. Como cualquier amante de los animales sabe, los animales son capaces de experimentar algunas de nuestras emociones, nuestra alegría, excitación y dolor. Este tipo de conciencia está menos desarrollada que en los humanos; los animales no son capaces de trabajar con estas experiencias, aunque poseen un nivel de conciencia que no se observa en las plantas. Por lo tanto, la fuerza vital del animal reacciona proporcionalmente de manera menos eficaz a una lesión externa.

Aunque a las formas animales inferiores, como el tritón, les puede volver a crecer un órgano amputado, y una forma ligeramente superior, como el cangrejo, puede curarse con el tiempo al deshacerse continuamente de su caparazón, a un perro o un gato no les vuelve a crecer una pierna. Las energías curativas de las fuerzas vitales tienen que hacer mayores esfuerzos para reafirmar su superioridad en el reino animal. Esto surge del tipo de conexión entre la naturaleza física y la fuerza vital. En el tritón, la conexión es bastante floja, por lo que el órgano puede regenerarse con facilidad. Sin embargo, en los animales superiores y en los humanos, esta conexión es mucho más íntima y el esfuerzo o las lesiones físicas se imponen no solo sobre nuestro ser físico sino también sobre esa parte de nuestra naturaleza que conlleva la fuerza invisible de la vida.

Llegamos aquí a un punto crucial: la naturaleza emocional y sensorial, la vida consciente de sentimientos y emociones, expone mucho más al ser humano a influencias del mundo exterior y esta exposición domina sobre la fuerza vital, que luego tiene que redoblar sus esfuerzos para curar. Las impresiones del mundo exterior dejan una huella sobre nuestras emociones, lo que afecta a la movilidad de la fuerza vital, la cual tiene entonces menos libertad para curar lo físico. Según Steiner, estas relaciones entre la fuerza vital y las emociones tienen muchas repercusiones para nuestro desarrollo personal y profesional. Si una persona lleva una vida disoluta causará una impresión en el ámbito emocional que a su vez influirá en la fuerza vital. Lo que hacemos influye no solo en nuestras amistades y en la comunidad sino también en la conciencia de nuestra vida interior. A su vez, lo que reprimimos en nuestra conciencia afecta a la salud de nuestras fuerzas vitales. Por consiguiente, podemos observar que el cambio de nuestras fuerzas vitales dependerá del tipo de vida interior y exterior que llevemos.

Si esta idea parece demasiado abstracta, pruebe este sencillo ejercicio: trate de experimentar la influencia de pensamientos negativos frente a positivos durante unos días. Durante más o menos un día, deje que su conciencia se llene de pensamientos negativos. Observe cómo se siente cuando los lleva consigo a todos lados. Puede que esté menos energético, incluso apático. Luego intente eliminar los pensamientos negativos cuando surjan y sustitúyalos constantemente por positivos: el vaso medio lleno en lugar de medio vacío. Observe su reacción. Después de unos días de trabajo viendo lo positivo, puede que esté mucho más animado, entusiasta y energético. Nuestra vida de pensamiento (conciencia) influye en nuestra regeneración.

La historia mítica de Prometeo y la dinámica de consumir y reponer nos ofrece un símbolo para nuestra propia renovación cuando experimentamos nuestra lucha diaria. La manera en la que nos regeneramos personalmente influye en la salud de nuestras escuelas. Unos padres y unos maestros extralimitados, exhaustos y excesivamente ocupados debilitan las fuerzas vitales de los niños y acostumbran a sufrir más conflictos con otros adultos. Unos sanos, dinámicos y centrados ayudan a crear una cultura de respeto, confianza y benevolencia. Mucho de lo que funciona o no en nuestras escuelas está influido en gran medida por los fundamentos de la salud personal. En una ocasión conocí a una maestra que luchaba en todos los frentes, con la gestión de la clase, con los compañeros y con los padres. Me daba la impresión de que pronto dejaría la enseñanza. Para mi satisfacción, cuando volví a su escuela unos años después, encontré a una maestra próspera y competente. ¿Qué había pasado? Una breve conversación reveló que ella había encontrado a alguien nuevo en su vida, había comenzado una rutina de ejercicio regular y se había dado permiso a sí misma para probar nuevas ideas en clase. Estaba floreciendo y sus problemas con los compañeros habían desaparecido. Su salud había hecho de la escuela un lugar mejor. En lugar de buscar siempre soluciones externas (resolución de conflictos, planificación estratégica, retirada de la creación de confianza), se podría lograr mucho si simplemente las personas tomasen ellas mismas las riendas.

Tecnología y fe

La complejidad de la vida externa aumentará constantemente y aunque en el futuro muchas actividades relevarán a los seres humanos por las máquinas, en esta encarnación actual puede que haya muy pocas vidas de felicidad a no ser que se produzcan unas condiciones bastante diferentes a las que ahora prevalecen.
—Rudolf Steiner[10]

Hace diez años, mi rutina a primera hora de la mañana en el despacho incluía abrir el correo electrónico, responder a los mensajes de teléfono y despejar el escritorio para mis primeras citas del día. Esto me llevaba alrededor de una hora, y algunas veces incluso tenía un rato para responder a unas cuantas consultas. Después, todos comenzamos a recibir mensajes al buzón de voz y de pronto hubo todo tipo de nuevas posibilidades de obtener, almacenar, compartir y transferir llamadas telefónicas. Mi rutina matinal se había extendido de forma considerable. Con el fax, descubrí que más personas se comunicaban con mayor frecuencia, y el ritmo de vida mejoraba. Luego, en los últimos años del siglo XX, todos tuvimos acceso al correo electrónico en los despachos. De repente, comenzaron a darse toda una serie de comunicaciones, algunas de las cuales parecían no tener nada que ver conmigo. Me enviaban correos basura organizaciones y personas desconocidas, copiados por colegas, e inundaban el correo de archivos adjuntos. El correo ordinario seguía llegando todavía, mi buzón de voz se llenaba cada pocas horas y el correo electrónico sonaba constantemente.

Recientemente hice un inventario de mi día en el despacho, diez años después. Me di cuenta de que ahora dedicaba la mayor parte del día a estas diferentes formas de comunicación. En algunos casos, como en la lectura de revistas estudiantiles, existía la sensación de trabajar con contenido real, pero en muchas otras ocasiones, me encontraba respondiendo, respondiendo y volviendo a responder. Analizando mi vida interior mientras hacía esto, descubrí que pasaba buena parte del día en un leve estado de molestia. Bajo la superficie seguía deseando, «ya basta, espero que no me llamen más ni me manden más correos». Mi parte antisocial se estaba agitando y tenía un continuo sentimiento de inquietud.

Fue un choque darme cuenta de que, a pesar de mi práctica espiritual en otros momentos del día, mi conciencia estaba siendo moldeada por la tecnología. Se había apoderado de mí. Cada vez que empezaba a tener un pensamiento real, el teléfono sonaba, la luz de la pantalla destellaba y el correo hacía su particular sonido. Si los dejaba a su propia suerte, mi conciencia se volvería como un pulpo gigante, con los tentáculos revolviéndose en un mar turbio de exceso de comunicación. Luego empecé a mirar el contenido de la comunicación y encontré que mucha era de una naturaleza superficial. Estudiantes y colegas me hacían preguntas de un modo que nunca harían en persona. Mis respuestas por correo eran tan breves que a veces rozaban lo descortés. En su mayor parte, estaba tratando con ideas divorciadas del ser humano. Si mi vida siguiese su curso natural podría convertirse en una larga serie de dibujos animados sin la animación de Disney. Esto podría conducir a un sentimiento de descontento imperceptible que se extendería a las relaciones interpersonales. Tras unas horas lidiando con «ideas de dibujos animados» tuve que esforzarme para calentar y ejercitar la cortesía básica. ¡Me costó mucho trabajo ser simplemente humano!

Como consecuencia de estas y otras observaciones acerca de la influencia de la tecnología en mi vida, me puse unos cuantos propósitos para el Nuevo Milenio. Decidí tanto aumentar como disminuir algunos aspectos de mi vida. Limité la cantidad de tiempo dedicado a los miedos por las expectativas no cumplidas, miedos a no «cumplir» obedientemente con las exigencias de un lugar de trabajo moderno, miedo a sentirme incompleto y falto de atención. El miedo es una emoción corrosiva que puede carcomernos poco a poco el alma por dentro provocando una especie de vacuidad que inmoviliza y contiene a una persona de hacer los cambios necesarios en su vida. Restringí el correo y las conversaciones telefónicas innecesarias y canalicé la comunicación que necesitaba más «humanidad» hacia el teléfono en vez de hacia el correo. Si fuese necesario, saldría del despacho al final del día sin responder a todos mis mensajes y saber que no había fracasado en el trabajo de mi vida. También aumenté, siempre que fuese posible, el número de reuniones en persona con los estudiantes, ya fuesen sentado en el despacho o dando un paseo. De hecho, caminar parece que ayuda realmente tanto al flujo de la conversación y como a la flexibilidad de pensamiento de la gente. Me decidí a sacar tiempo para una conversación en profundidad con un amigo o colega, en lugar de que tratasen siempre sobre el trabajo. Y confirmé la diferencia entre el pensamiento y las respuestas motivadas por la tecnología, sabiendo que mi claridad ayudaría a conservar la salud interior.

La tecnología tiene una ventaja, una que es evidente mientras escribo este libro. Cuando estaba en la universidad me tiraba las horas volviendo a teclear si tenía que editar, desplazar párrafos y añadir notas al pie. Ahora soy capaz de hacer modificaciones con más facilidad y, como consecuencia, muestro una mayor flexibilidad a la hora de pensar. No obstante, la llamada a la nueva conciencia es mayor. Por ejemplo, me di cuenta de que los músculos de mi mano, mi brazo y mi hombro solían sufrir unos dolores sutiles después de una o dos horas con el teclado. Tras periodos más largos, mi espalda necesitaría unas sesiones de fisioterapia. Ahora he cambiado las cosas con la incorporación de varios aparatos, como un teclado extendido, una alfombrilla para el ordenador portátil y una iluminación adecuada. Además, hago descansos cuando lo necesito en vez de cuando es posible hacerlos.

Todo esto favorece la calidad de las interacciones humanas y los retos para la renovación en nuestras escuelas. ¿Cómo pasan el tiempo cada día los padres y los maestros? Si un padre está viviendo en el mundo del comercio electrónico durante horas y horas y luego se reúne para charlar con un maestro, puedes apostar que su actividad diaria influirá en el intercambio humano. Asimismo, si los maestros pasan cada vez más tiempo supervisando el correo electrónico y trabajando por Internet, ¿cómo van a estar con sus alumnos?

La cuestión es mucho más imperceptible de lo que estas reflexiones indican. Cualquier cosa mecanizada suele debilitar las fuerzas vitales y endurecer la conciencia. Una persona obligada a teclear durante todo el día, especialmente de un modo no creativo, sentirá una disminución de su vitalidad, tanto física como de su vida interior. Tratar con un medio mecanizado sin actividades compensatorias puede llevar a una mala salud, pero cuando este trabajo se combina con la superficialidad de contenido, los resultados son más graves. Para utilizar una imagen, el ser humano puede llegar a ser como una gran cáscara de huevo, frágil por fuera y desprovisto de mucha yema. La exteriorización conduce a la vacuidad. El viaje interior puede sufrir. Si el lector puede identificarse con al menos algo de lo que se ha descrito, entonces puede surgir la auténtica pregunta: ¿Qué pueden hacer los padres y los maestros para contrarrestar la exteriorización?

El trabajo del alma debe crecer para seguir el ritmo de las exigencias externas. El alma del ser humano se puede avivar, vitalizar y reencauzar para superar las influencias dañinas de nuestra cultura materialista. Una forma de hacer esto, aunque la mayoría de la gente no lo vea como algo *moderno,* es a través del simple pero profundo acto llamado *fe.* La fe es esa sensación de confianza que deja la puerta abierta para el cambio, mientras que el cinismo la cierra. Aunque quizás no podamos confiar del todo en un ser humano, si no tuviésemos fe en que existe la capacidad de amar, encontraríamos pocas razones para preocuparnos, seguir adelante y crecer. Cuando un ser humano cultiva fe tiene una influencia vivificante sobre el alma, mientras que el escepticismo hace lo contrario, consume y endurece el alma. La vida actual se ha vuelto incluso más complicada. No podemos evitar los cambios de nuestra era. Tenemos elección; poseemos la habilidad para equilibrar la cultura externa por medio de una intensificación de la vida interior.

A pesar de su afiliación con la Iglesia, la fe puede despertar el alma humana. Esto podría verse como el préstamo del yo interior a algo superior, inexplicable y mayor que las cosas del mundo. La Abuela Twylah Nitsch, una anciana seneca, utiliza una rueda de la medicina en la que la Fe y la Confianza se sitúan en el sur, mientras que justo enfrente, en el norte, se encuentran la Sabiduría y la Gratitud. Ella cree que la práctica de la fe y la confianza en nuestras vidas conduce a la sabiduría.[11] La sociedad externa suele buscar nuestra satisfacción con cosas que se pueden poseer; la fe nos lleva más allá. La fe nos guía y nuestro yo interior se nutre mediante la devoción.

La devoción es el sendero de la mayoría de los maestros. Ellos trabajan por salarios bajos y poco prestigio. Las escuelas se imponen cada vez más retos de la sociedad, especialmente las públicas. Cada vez que existe una nueva preocupación o revuelo mediático, los legisladores aprueban una ley que exige unos cambios en los planes de estudios, con frecuencia sin la información o el conocimiento sobre cómo poner en práctica el nuevo mandato. Cada año se pide a los maestros que incluyan más cosas, pero parece que nadie piensa en eliminar alguno de los mandatos anteriores. Con frecuencia, lo que el estado considera importante se opone a lo que los maestros creen que sus alumnos necesitan. Sin embargo, siguen enseñando por amor a sus alumnos y la posibilidad de cambiar la situación. Esto es devoción.

Más allá de lo externo, esta actitud del maestro dedicado sirve para alimentar el alma de maneras que no se pueden subestimar. El alma se cultiva al dedicarse a algo más que grande de lo que es, algo que pueda luchar por la búsqueda de la unidad. La devoción en el alma es como una taza que contempla y nutre el contenido cada vez mayor de su interior. Cuando se dedica devoción hay una creciente plenitud interior que refuerza el deseo de vivir y de participar en el mundo, sin importar lo grande que pueda ser el reto. La devoción da al maestro o padre el fuego interior para levantarse cada mañana y afrontar un nuevo día. Cuando se está verdaderamente dedicado a una persona o tarea, se puede llevar a cabo casi todo. El alma es más grande que la vida, es la fuente de rejuvenecimiento continuo.

Este fortalecimiento de la vida interior también afecta al estado de nuestra salud física, nuestras interacciones sociales y nuestra capacidad para hacer lo que se nos pide. Sobre todo dentro y alrededor de las escuelas, se insta a las personas a que hagan sacrificios, a que den y a que se ofrezcan voluntarias más allá de la llamada del deber. Sin embargo, resulta agotador cuando los padres y los maestros se sacrifican reiteradamente sin la sustancia interna de lo que se ofrece. A las personas les gusta sacrificarse; les supone una gran satisfacción y las recompensas son muchas, pero no puede haber un sacrificio con un valor duradero a menos que se tenga la fuerza para darlo. No podemos esperar que la tecnología nos proporcione los recursos internos que necesitamos. Los hombres deben ser algo antes de poder ofrecer de manera productiva. La renovación de nuestras escuelas depende de la autorrealización y la vitalidad interior de los seres humanos que se dedican a la causa de la educación. Para prevenir el peor tipo de egoísmo es esencial que los adultos de dentro y alrededor de una escuela pongan en práctica lo que esperan de los niños, concretamente, el afán de superación y el cambio personal.

Equilibrio

Una vez que nos enfrentamos a nuestra propia naturaleza dual (el sombrero negro y verde de Eleggua) surge la pregunta: ¿Cómo alcanzamos el equilibrio con esta dualidad? ¿Cómo se lleva esta práctica de equilibrio espiritual en nuestra vida interior a las realidades exteriores de la vida cotidiana del maestro? Aquí se presentan las historias de dos maestros y sus diferentes experiencias. Al leer estas historias veremos cómo estas dos personas lidiaron con la necesidad de equilibrio en sí mismos, sus clases y sus escuelas.

Hace poco me llamó un maestro de primer año. Quería registrar y compartir las noticias y experiencias de los primeros meses de enseñanza. Por resumirlo de alguna forma, esto es lo que me dijo: «Mi enseñanza va bien. Siento que el grupo está unido, a pesar de que varios niños son nuevos en clase. Hay más niños que niñas y la franja de edad es más amplia de lo que esperaba, pero parecen estar trabajando bien. Tras varias semanas con una enfermedad leve intermitente, me estoy recuperando y empezando a encontrar el ritmo de preparación. Por supuesto, nunca se tiene tiempo para todo pero poco a poco estoy aprendiendo a centrarme en lo esencial. También estoy contento con mis compañeros y estoy llegando a conocer a los padres».

«En cuestión de semanas me pidieron que me uniese a dos comités. Rechacé uno pero ahora me encuentro en un dilema. Cuando miro alrededor del cuerpo docente parece que unas cuantas personas están haciendo la mayor parte del trabajo. Son maestros con experiencia pero están llevando una carga demasiado pesada. A estos pocos se les pide que presidan las reuniones y se encarguen de las tareas administrativas, como las contrataciones, las entrevistas y la correspondencia. También se espera de ellos que hablen en eventos públicos y que de alguna forma saquen tiempo para orientarme a mí y a otros tres maestros nuevos. Cuando digo no a un comité o tarea, simplemente se amontona más trabajo sobre ellos. Si ellos se cansan, ¿qué pasará con la escuela? No obstante, si digo sí a las muchas necesidades, ¿no llegaré a ser finalmente como ellos? ¿Qué debería hacer?».

Le respondí hablándole de la biografía, no de la suya, sino de la biografía de una relación con una escuela. Como maestro de primer año naturalmente veía todo desde esa perspectiva y el asunto de la responsabilidad administrativa compartida de un maestro Waldorf era un dilema presente. Le aconsejé que observase su participación en un rango de tiempo de tres, cinco u ocho años. A medida que su enseñanza se volviese más fiable, podría contribuir cada vez más a la vida general de la escuela. Mientras tanto, no debería subestimar la importancia de hacer pequeñas cosas: por ejemplo, ofrecerse espontáneamente a hacer la guardia del recreo o del almuerzo a un compañero, echarle una mano cuando esté moviendo los muebles o montando el decorado para una obra. Podría hacer trabajos que no supongan una gran responsabilidad pero que disminuyan la carga de aquellos que asumen capacidades de liderazgo en la escuela. La «subordinación» en una escuela puede ser tan importante como el liderazgo. Y, por último, le aconsejé que recordase que no importa en qué etapa de la biografía de una escuela se encuentre, una persona puede ayudar a ganarse a sus compañeros mediante un apoyo interior y activo. Imaginarlos antes dormir, verlos como competentes en nuestra mente y darles un voto de confianza fluirá como un apoyo positivo en sus actitudes e intenciones.

Cuando pasé un tiempo al teléfono con este maestro, me di cuenta de lo afortunado que era por tener una clase que funcionase de manera adecuada y acceso al menos a una orientación. Este no fue el caso de otro maestro de primer año que compartió conmigo por carta su angustioso punto de vista. Uno siempre tiene que recordar al escuchar este tipo de explicaciones que esta es su perspectiva de la experiencia, que sin embargo puede ayudarnos a comprender la urgencia de una renovación escolar. Esta fue su historia:

«Tuve un problema durante mi primer trabajo docente que me obligó a dimitir. Aunque el problema me afectó bastante, describiré con la mayor brevedad que pueda lo que me ocurrió, con la esperanza de que pueda ayudar a otros a eludir una situación similar. Empecé a impartir primer grado en una escuela Waldorf creada en septiembre de 1999. Tenía un acuerdo de orientación por escrito con una maestra que había impartido clase durante veintiséis años. El acuerdo establecía, entre otras cosas, que vendría a mi clase "de seis a nueve días" para evaluar, identificar un problema y encontrar la solución, y cualquier otro tipo de ayuda o consejo junto con recomendaciones específicas derivadas de sus observaciones de mi clase y de mí. Estos fueron los problemas que aparecieron:

A pesar de que le pedí reiteradamente durante el primer mes de escuela que viniese y observase, tal y como figuraba en nuestro acuerdo, por la razón que fuera, mi mentora se negó a hacerlo. Mirando atrás, creo que esto se debió en parte a que estaba involucrada en su propia clase hasta tal punto que cerró la puerta involuntariamente a su responsabilidad y no fue capaz de afrontar el hecho de que de esa forma me negó un apoyo crucial. En cualquier caso, debido a mi inexperiencia, mis alumnos de seis años eran demasiado ruidosos y a veces escapaban a mi control, y mi mentora comenzó a quejarse de ello a los administradores de la escuela y a los directores del personal docente sin decirme que lo estaba haciendo. Compartíamos la última planta, así que si los niños hacían mucho ruido, ella los oía. Por lo tanto, en lugar de sentirme apoyado, comencé a sentirme cada vez más aislado sin saber en realidad por qué, ya que nadie me dijo nada ni se dirigieron de manera directa.

Este extraño toma y daca continuó hasta la quinta semana, momento en el que enviaron a mi clase a una persona de otra escuela para hacer lo que mi mentora no fue capaz de hacer. Le estuve muy agradecido y aprendí mucho de sus observaciones y recomendaciones. Sin embargo, este nuevo maestro fue a los directores de la escuela con una evaluación por escrito que más bien era una acusación o sentencia contra mí. Una vez más no se me avisó de ello. Se deliberó sobre ello y se convirtió en la razón principal de mi despido, aunque tenía la impresión de que había estado allí para apoyarme y ayudarme a ser un maestro mejor. Todos los maestros nuevos necesitan este apoyo, incluso aunque sea solo apoyo moral, y creía que estaba recibiendo por fin lo que más había necesitado, lo que con frecuencia había pedido y había pensado que estaba seguro de conseguir mediante el acuerdo con mi mentora. Más tarde me di cuenta de lo equivocado que estaba.

Al final resultó que estos dos maestros eran viejos y buenos amigos y asociados que habían trabajado juntos en esta misma escuela nueve o diez años antes. El segundo maestro fue presionado y optó por dimitir en aquel momento por razones políticas y de cooperación con los compañeros. No creo que intentasen enfrentar mi posición adrede, pero pienso que se comunicaron entre ellos debido a su asociación en el pasado de la que tomaron conciencia.

Sea como fuere, su evaluación de mi enseñanza en clase llegó a manos del colegio de maestros sin que lo supiese o sin recibir una copia, y basándose en esa evaluación, la escuela decidió despedirme. ¡A esta altura aún no había oído nada acerca de esto! Después, cuando leí su evaluación, la encontré completamente inconsistente; ¡casi todas sus conclusiones se contradecían con sus propias observaciones! En cualquier caso, decidieron que dejarme ir a la reunión de la comisión a la octava semana; hasta el domingo anterior no me habían dicho nada. Sin embargo, se había agudizado tanto mi intuición como un presentimiento de lo que estaba ocurriendo. Con mi hermano llamado en calidad de testigo, tuve una reunión con el presidente del cuerpo docente y con el del colegio de maestros. Les dije que no me sentí apoyado por la escuela, aunque de una manera tan silenciosa que parecía que estaban preparados para despedirme y que me sentía tan asediado que no podía hacer mi trabajo correctamente y estaba listo para dimitir.

Dijeron que tenía razón y que habían decidido que me fuese el jueves anterior. Llegados a este punto, les dije que mi mentora nunca había venido a ayudarme, como así se había comprometido. Por esta razón, de la cual la comisión no estaba al tanto, dijeron que revocarían su decisión de despedirme y la debatirían de nuevo bajo esta nueva perspectiva. También me dijeron que habían basado mi despido en la evaluación del segundo maestro, de la cual aún no sabía nada ni tampoco había visto. Dije que ya debería haber recibido una copia de ella y que quería verla lo antes posible.

Dos días más tarde, tras recibir finalmente la evaluación, me enfadé y me desilusioné profundamente porque sabía que no podría trabajar más bajo esas condiciones y formas de pensar y no tuve más remedio que dimitir. Antes de que la comisión se reuniese para debatir por segunda vez mi despido, informé a los moderadores de mi decisión.

Programamos la reunión para el día después de que la comisión se reuniese para debatir un plazo previsto para mi salida. En esta última reunión, uno de ellos dijo: «Está muy bien que pienses que tenías un acuerdo de orientación con la escuela, pero el único acuerdo que has tenido con nosotros es el contrato escolar». Mostré mi incredulidad y le pregunté si creía que me lo había inventado. Ella dijo: «Lo sigues mencionando, pero no lo hemos visto nunca». Esto me dejó atónito. Les enseñé el acuerdo y los tres se quedaron perplejos. Pude ver que estaban tan horrorizados como yo. Ninguno de ellos sabía absolutamente nada, y mucho menos tenían una copia. Ni siquiera sabían quién lo había escrito. Señalé que como mis jefes, que habían vuelto a discutir todo esto conmigo en junio de 1999, deberían haberlo escrito. Les dije que era intolerable, inadmisible y poco profesional en el extremo de que pudiese ocurrir tal cosa.

Resultó que mi mentora había escrito el acuerdo. No hay duda de que la escuela le pidió que lo hiciera, pero ellos nunca recibieron una copia del mismo, o la habían perdido, y nadie hizo un seguimiento de éste. Sin embargo, para un maestro principiante es un documento de enorme importancia. Nunca se me ocurrió que tuviese que revisar para asegurarme de que la escuela tuviese una copia. Además, uno debe asegurarse de que un acuerdo es muy claro y específico en los términos y fechas de su cumplimiento. El mío decía "de seis a nueve días" de observación, pero no decía cuándo serían estos días. Esperaba que fuesen más pronto que tarde, ya que al ser un maestro nuevo sabía que al principio necesitaría orientación. La tendencia de la escuela era más tarde que temprano».

Al final de esa última reunión dije que me quedaría durante el tiempo que tardasen en encontrar un nuevo maestro, pero que sabía definitivamente que al dimitir había hecho la única cosa que se podía hacer dadas las circunstancias. Les exigí que controlasen y mejorasen el rendimiento de la escuela en este sentido, ya que estaban rozando lo ridículo y era muy destructivo para mí. Ellos me lo agradecieron y aceptaron mis palabras, y dos de ellos me dieron las gracias sinceramente. Pude observar que se sentían mal por lo que había sucedido.

Dos semanas después, el día antes de Acción de Gracias, impartí mi última clase».

Al conocer a los dos maestros de estas dos historias y a sus compañeros, puedo afirmar de manera inequívoca que son buenas personas. Se reúnen cada semana, comparten lecturas de elevados ideales sociales y valoran la comunidad. Sin embargo, debido a las exigencias de la vida escolar y las dinámicas interpersonales, lo que se ha puesto de manifiesto por medio de estas historias es un grupo de individuos extralimitados. Todos sufren de falta de comunicación, dinámica de grupo, liderazgo y orientación, pero la sensación de estar abrumado es tan grande que nadie parece ser capaz de superarlo todo. ¿Debe ser esto?

No son solo los maestros quienes están buscando el equilibrio. Muchos padres también dedican muchas horas al trabajo, corren de una tarea a otra, tienen poco tiempo para la familia, y todavía se sienten constantemente culpables porque la escuela siempre parece necesitar voluntarios. Hace poco un padre de una escuela Waldorf me dijo: «Trabajamos duro para hacer frente a los pagos de la matrícula, sin embargo la escuela organiza constantemente eventos para los que tenemos que pagar una cuota de entrada, llamar mucho por teléfono y hacer galletas».

Debido a que la organización de una Escuela Waldorf requiere la plena participación de los maestros y los padres, los problemas para encontrar el equilibrio son particularmente graves. Todos los que estamos involucrados en cualquier especie de comunidad escolar podemos identificarnos con uno u otro aspecto de estas dos historias de individuos bienintencionados que están extralimitados. Por lo tanto, la pregunta más importante para la renovación escolar es: ¿Cómo puede encontrar el equilibrio en su vida un maestro o cualquier adulto involucrado en una comunidad escolar? Formulé esta pregunta de un modo ligeramente distinto en una encuesta a maestros Waldorf experimentados: «En el esfuerzo por mantener un equilibrio entre salud, familia y enseñanza/administración, ¿qué consejos puedes darle a los colegas que se preparan para unirse a una escuela Waldorf?».

Las respuestas abarcan muchas de las áreas de mayor preocupación para la mayoría de los maestros. Siempre resulta útil oír las palabras de colegas en su lucha por encontrar el equilibrio que todos buscamos. Aquí se muestran algunos ejemplos:

- No se convierta en maestro Waldorf si desea este equilibrio. El sistema no está configurado para mantener un equilibrio, y no hay consejos que puedan cambiar la matemática básica de cincuenta y cinco a setenta horas o más de trabajo semanal, así como la sangría que esto provoca en la salud, la familia y la vida personal. Dicho esto, tengo unos cuantos consejos que pueden ayudar un poco:
- Use un contestador automático, preferiblemente una línea de teléfono independiente para las llamadas relacionadas con la escuela. Dígale a los padres de su clase que es probable que oigan el contestador cuando llamen y que prefiere devolver las llamadas en horario de trabajo. Apague el sonido del teléfono para que las llamadas no interrumpan su vida personal. Revise los mensajes por la tarde y responda solo a las llamadas de emergencia. Insista en que tiene un espacio de oficina con un teléfono para devolver las llamadas durante el día. Cuanto más grande sea su clase, más necesitará un sistema como éste. Los padres de mi clase me llaman más con este sistema porque saben que no me están molestando.
- La mayoría de escuelas Waldorf serían juzgadas por psicólogos por tener un escaso conocimiento de los límites entre la vida personal y la profesional. Es fácil sentir que uno está siempre en el trabajo. Los cuerpos docentes deberían compartir información acerca de cuándo aceptarán o no llamadas de trabajo de los demás. Debería haber un límite en el número de eventos nocturnos y en fin de semana a los que se espera que uno asista.
- Los maestros, los miembros del consejo y los padres deben trabajar juntos para cambiar la matemática básica del trabajo de un maestro. ¿Existe alguna razón para una semana laboral tan larga? En una escuela pionera normalmente existe una razón para

este alto nivel de compromiso. En una escuela consolidada, este nivel de compromiso es contraproducente ya que merma la salud, tensa la relaciones entre el matrimonio y entre padre e hijo, y no apoya la creatividad en la enseñanza. La familia estadounidense ha cambiado considerablemente en los últimos diez o quince años de manera que, cada vez más, ambos cónyuges trabajan a jornada completa. En un principio, una familia normal tenía un adulto en el lugar de trabajo durante cuarenta horas semanales. Hoy en día muchas familias, no solo maestros Waldorf, dedican de 100 a 150 horas semanales en el lugar de trabajo. El impacto en los hijos es significativo. Como maestro, veo que los niños con padres comprometidos en exceso son los más frágiles emocionalmente. Las escuelas Waldorf deberían ser las primeras en apoyar una vida familiar saludable.

- La llave para este cambio es proporcionar más tiempo de preparación en la escuela. Los maestros necesitan despachos, teléfonos, ordenadores, recursos bibliotecarios y tiempo para estar en sus despachos. El plan de estudios Waldorf exige un alto nivel de formación pero las escuelas Waldorf no hacen nada para ayudar a los maestros a prepararse para la jornada normal de trabajo. Esto conduce también a un problema de «control de calidad». Por ejemplo, el maestro que tiene pocas responsabilidades en el hogar o en el cuidado de los hijos porque su cónyuge está en casa puede dedicar más tiempo por las tardes o en fin de semana que un padre soltero. De esta forma las diferentes clases de una misma escuela reciben diferentes niveles de atención por parte del maestro que se basan en el compromiso personal de éste. El apoyo de la formación docente traería consigo una calidad de enseñanza más uniforme.

De las más de ochenta respuestas, al menos un tercio reiteraba la necesidad de equilibrio mediante una declaración similar a esta: «Aprenda a decir no y ponga límites».

Aprender a decir no y poner límites y fronteras es claramente un objetivo importante para los maestros Waldorf y para todos los que ejercen una profesión servicial. Sin embargo, en la búsqueda del equilibrio debemos tener cuidado de que el uso del término «frontera» no se convierta en una excusa para no asistir, no participar y permitir en general que otros hagan el trabajo que uno debería hacer. Se debe mantener un equilibrio entre el egocentrismo y el ir más allá de los propios límites. Como cité en la primera respuesta, una de las mayores áreas de preocupación eran el hogar y los hijos. La experiencia de estos maestros Waldorf es que sus hogares deben ser un refugio y que es necesario el apoyo del cónyuge y los hijos. Esto se indica en la respuesta detallada del primer maestro y en los comentarios adicionales de muchos maestros representados por éste: «Si tiene hijos, no los descuide. Siga siendo su padre. Al final se lo recompensarán».

Aprender a decir no y establecer límites nos hace reflexionar sobre la manera de lograr ese equilibrio en el trabajo, que realmente es una vocación para muchas personas. Los siguientes comentarios son solo algunos de los que reflejan esta necesidad:

- Si las personas tienen dificultades para mantener un equilibrio mientras se están formando [Formación Docente Waldorf], en realidad deberían examinarse a sí mismas y la forma en que organizan su tiempo y energía, ya que es muy probable que las exigencias sean aún mayores una vez que estén dando clase. Hábitos de sentido común como un sueño adecuado, una dieta y ejercicio son fundamentales, ya que es una especie de camino interior del desarrollo y de la vida artística fuera de la escuela o de la actividad docente. Levantarse a tiempo para el análisis y la reflexión abre una puerta al cambio y al crecimiento en lugar de estar tan ocupado todo el tiempo.
- En una iniciativa escolar era muy difícil mantener un equilibrio debido a que los padres suelen ver al maestro como la autoridad de todo y, por lo tanto, creen que es la mejor persona para difundir el mensaje de la escuela al mundo. Por eso, aumentar las matriculaciones y tomar parte en los eventos de los comités y de la comunidad suelen tener prioridad sobre la enseñanza y todo lo

demás. Me dí cuenta de que el mejor apoyo era desarrollar estrechos vínculos con maestros mentores y otros maestros de la zona.

Otras ideas útiles para mantener un equilibrio en la vida escolar y en la personal incluían la advertencia constante de dormir lo suficiente y otras sugerencias prácticas como estas:

- Si los padres hacen shiatsu, masaje o terapia craneal, los maestros deben trabajarlo con frecuencia. ¿Es posible el intercambio? Establezca sesiones regulares en la escuela.
- Tome baños de agua caliente. Traiga a su escuela a un profesor de yoga para que imparta una clase durante los fines de semana. Deje de beber café. Lleve en todo momento Remedio de Rescate. Apague el teléfono desde la cena hasta la hora de acostar a su hijo. Salga un día del fin de semana. Váyase a la cama a las 21:00. Estacione su carro más lejos y camine hasta la escuela.
- Cultive activamente una vida e intereses independientes de la vida o comunidad escolar.

Otras recomendaciones se centraron en formas de trabajar en clase y con los niños:

- Trate de «respirar» en su vida de la forma que trata de que sus clases respiren.
- Dese medio año para encontrar su ritmo antes de aceptar trabajo adicional del comité.
- Sea muy organizado con sus archivos, su agenda del día, etc.
- Me doy cuenta de que las meditaciones de la mañana y de la noche por los niños van mucho más allá que el pequeño esfuerzo que pongo en ellos. También dedico un momento, quizás sesenta segundos o más, antes del verso matinal cuando todos tratamos de tranquilizarnos interiormente.
- Cree y conserve una red de maestros Waldorf de su curso o superior. Refiérase a su clase como «mis alumnos« y no como «mis niños».

- Asegúrese de tener un mentor para que le ayude durante su primer año.
- Quiera a los niños y a sus familias.

En el área del equilibrio entre el maestro y la escuela se dieron las siguientes recomendaciones:

- ¿Su consejo escolar se centra en objetivos claros? ¿El consejo cuenta con un sistema de rotación para los nuevos miembros del mismo? ¿La escuela tiene un plan para financiar los años sabáticos y hacer los salarios razonables?
- Contrate a una persona con una formación en administración escolar y cualificada para que se encargue de las operaciones diarias. Esto mitigaría una gran cantidad de conflictos.
- Únase a un sindicato.
- Delegue en los padres de clase toda la organización de las actividades externas.
- Alterne las responsabilidades en las jornadas de puertas abiertas.
- Haga que el cuerpo docente tenga objetivos para el estudio pedagógico y comparta ideas como parte de las reuniones de éste; combine las reuniones cuando sea posible (consejo de padres de 18:00 a 19:00, reunión de clase de 19:00 a 20:30).
- Encuentre un equilibrio entre escuchar a los padres y darles el control.

Y, por último, las palabras de este maestro nos recuerdan nuestro objetivo principal:

- Sea realista con las expectativas. Es solo humano. Los niños serán buenos a pesar de sus errores. Intente ignorar a los padres y llévese bien con los niños. Tome ideas de Steiner y de lo que los niños necesitan.

Estoy seguro de que muchos de los que leen este libro pueden relacionar estas palabras con las de sus colegas maestros. Los temas planteados en esta encuesta son el contenido de la mayor parte de este libro:

renovación a través de la práctica espiritual, establecer límites, fijar prioridades, organizar un tiempo de formación, aprender a decir no, encontrar estructuras administrativas útiles, aprender a trabajar con los demás y valorar el tiempo personal tanto como el profesional.

Una gran fuente de estrés para el maestro que no se discute demasiado en otros sitios tiene que ver con la crianza. Lo que no se realiza en el hogar suele desbordarse en la escuela. Los maestros terminan haciendo mucho más que enseñar, lo que contribuye a las cargas llevadas por los que están en la escuela y crean de nuevo el potencial para el desequilibrio. Hoy en día, el mayor problema de la crianza se puede describir en una palabra: abandono. Simplemente los padres no suelen estar ahí. Hace poco oí que una familia se marcó el objetivo de que todos sus miembros hiciesen una comida juntos al menos una vez por semana. ¡Por *semana*! El resto del tiempo los niños se las arreglaban por sí mismos: abrían la nevera a todas horas del día, comían cuando tenían hambre y actuaban como pequeños individuos que no forman parte de una unidad social. Hoy en día, los padres están tan ocupados con el trabajo y otras responsabilidades que apenas les queda tiempo para compartir novedades, ayudar con los deberes, divertirse o contar cuentos antes de dormir. ¡He visto a una madre estresada intentando leerle a un niño de tres años en la cola del supermercado! Por encima de todo, los padres no suelen estar ahí, ni física ni emocionalmente.

Cuando los padres están presentes, con frecuencia tratan a los niños como si fueran su cónyuge o su socio, tienen conversaciones de adultos y les ofrecen opciones más allá del alcance del niño. Esto puede ser simplemente cuestión de preguntar: «¿Deberíamos comer pescado o pollo esta noche?». O podría ser más fundamental, como: «¿Quieres ir a acampar hoy?». Una vez mi madre vio a nuestro vecino, un niño de seis años, esperando el autobús en camiseta. La temperatura en ese día de febrero era de unos –6°C. Ese mismo día, cuando se encontró a su madre, le expresó su preocupación. La madre respondió: «Sí, tiene un abrigo de invierno, pero decidió que hoy llevaría su camiseta. Él toma sus propias decisiones. Y cuando es una cuestión familiar, se somete a votación». ¡Democracia para los niños de seis años!

El efecto de dar a los niños tantas opciones antes de que tengan capacidad para emitir un dictamen lo único que hace es paralizar la vida interior, debilitar las fuerzas vitales que son necesarias para el crecimiento y crear pequeños adultos con trastornos nerviosos y otros dudosos beneficios de la edad adulta. Un día lleno de elecciones a corto plazo y sin sentido («¿De qué quieres hoy el yogur, de frambuesa o de fresa?») puede tener un profundo impacto en la vida onírica de nuestros hijos. Un mundo incierto de elecciones diarias puede conducir a una inquietud en el sueño. He visto a muchos niños venir cansados a la escuela no porque no han dormido lo suficiente, sino porque la calidad de su sueño era mala. ¡Desde luego que sus interrupciones durante el sueño contribuyen al estrés de sus padres! El papel del sueño es tan importante para la renovación escolar o la renovación de cualquier tipo que he dedicado más adelante en este libro un capítulo entero a ello. Irónicamente, la tendencia de presentar a los niños muchas opciones suele mezclarse con una indulgencia excesiva. Los padres consienten a sus hijos, tal vez sea por culpa de los pocos buenos momentos juntos o debido a sus propias experiencias infantiles. Les atienden en casa, les exigen pocas tareas y dicen las cosas sin tener en cuenta las consecuencias. Las palabras dejan de tener sentido y los niños reciben el mensaje de que los adultos están para ser tolerados en el mejor de los casos e ignorados si es necesario.

Entonces todo esto recae sobre los maestros. Por definición, son figuras de autoridad que necesitan usar la palabra como herramienta de trabajo. Sin embargo, cada vez más maestros se dan cuenta de que sus alumnos no pueden escuchar, tienen poco respeto por la autoridad y se les ha permitido hasta el punto de ser caprichosos. Pero sobre todo considero, dada la ausencia de la vida familiar, que los maestros batallan con enormes necesidades sociales. La clase se convierte en el único lugar donde compartir, conversar, aprender hábitos de trabajo y practicar la resolución de conflictos. Los maestros de zonas marginales y distritos rurales pobres a veces tienen que alimentar y vestir a sus alumnos. En resumen, el papel de los maestros se ha ampliado y el de los padres se ha reducido. Esta falta de equilibrio ha de tratarse como un asunto comunitario para que los padres y maestros sean capaces de ayudarse los unos a los otros.

Una maestra como Sarah, que se esfuerza por lograr el equilibrio, debe comenzar el viaje hacia la renovación por uno mismo, encontrar su centro interior, un lugar de autoría, creatividad y certeza. Se puede ver la situación de un padre o un maestro observando sus interacciones con los niños y haciéndole la pregunta: ¿Esta persona está trabajando a partir de ese centro o más desde la periferia? ¿Está presente y consciente o distraída y descentrada? Una vez que los maestros se comprometan a trabajar sobre sí mismos podrán empezar a buscar los desequilibrios que surgen en sus interacciones con los alumnos y la escuela. Si podemos ofrecer a nuestros hijos una verdadera experiencia de autoridad, ellos crecerán con confianza y optimismo. Llevo tiempo oyendo a los padres decir: «Te he echado para el almuerzo un sándwich de queso, una manzana, un zumo y yogur de fresa. Esto es lo que quiero que comas hoy». Si el niño monta una gran pataleta o si se niega a comer lo que se le ha preparado con tanto amor, hay que dejarle que se vaya sin el almuerzo. No pasa nada por que experimente un poco de hambre de vez en cuando, un yogur de fresa sabe incluso más bueno con un apetito real.

Lo más importante de todo es el *alimento del alma* que el padre o el maestro dan al niño, con esa sensación de certeza y firmeza interior. Los niños que experimentan una autoridad que se ejerce por amor obtendrán la capacidad de hacer verdaderas elecciones cuando sean mayores, elecciones que procedan del manantial de una valiosa vida interior, no solo de la energía nerviosa de la estimulación sensorial. Cuando los maestros y los padres encuentren su equilibrio interior, consulten su brújula interior y no a sus hijos pequeños, y ejerzan una toma de decisiones justa con aquellos que están a su cargo, las escuelas rebosarán vitalidad y entusiasmo de por vida.

4

MIRARSE AL ESPEJO

Los tres pelos de oro del Diablo

Érase una vez una mujer muy pobre que dio a luz a un niño. Como el pequeño vino al mundo envuelto en una tela, le predijeron que al cumplir los catorce años se casaría con la hija del Rey....

El Rey, que tenía mal corazón, se enfadó al oír la profecía, fue a buscar a los padres...y les ofreció una gran cantidad de oro por él....

El Rey lo metió en una caja y prosiguió su camino con él hasta que llegó al borde de un profundo río. Arrojó la caja al agua y pensó: «He liberado a mi hija de un pretendiente indeseado».

Pero la caja, en lugar de hundirse, flotó como un barco sin que entrase ni una gota de agua en ella. Y continuó flotando hasta dos millas de la capital del reino, donde quedó retenida en la presa de un molino. Un mozo del molino, que por fortuna se encontraba allí, la vio y la sacó con un gancho, creyendo que encontraría en ella un gran tesoro. Pero al abrirla encontró un precioso niño en su interior, alegre y vivaracho. El mozo se lo llevó al molinero y a su esposa, que como no tenían hijos se alegraron mucho y dijeron: «¡Es Dios quien nos lo ha dado!» Le dieron un gran cuidado al niño abandonado, que creció con gran bondad.[12]

En esta historia hay recopilada mucha sabiduría, como sucede con otros cuentos transmitidos desde tiempos remotos, cuando los hombres se relacionaban más estrechamente con el mundo de los mitos. Aunque se podrían utilizar otras historias, he encontrado ésta particularmente útil a la hora de comprender la renovación personal. Un niño abandonado a la deriva es un tema que se repite en la mitología, desde Moisés a Rómulo y Remo, y que habla de un alma especial que se libera de su herencia y está destinado a algo grande. Arrastrados por las fuerzas vitales de la corriente del agua, el destino lleva a estos niños a la orilla gracias a las olas y el viento. La mayoría de maestros están como el molinero y su esposa, contentos de acoger al niño y mantenerlo temporalmente mientras está bajo su cuidado. Pero éste es un niño especial, uno que representa lo verdaderamente humano y cuyo corazón está protegido de desafíos externos, simbolizado por el hecho de que «ni una gota de agua» entra en la caja. Por el contrario, el Rey tiene una autoridad exterior pero su corazón se eclipsa y deja de ser así. El niño abandonado contrarresta lo que está incompleto en el mundo exterior.

Los catorce son una edad crucial y en ese momento de la biografía del niño, el Rey con corazón malvado trata de interponerse de nuevo. Esta vez envía al chico a la Reina con una carta en la que se ordena que le mate. Durante el trayecto el chico se pierde en el bosque (simbólico de la adolescencia) y se refugia en una casita habitada por una anciana y una bandada de ladrones. Sin embargo, éstos se apiadan del niño y modifican la carta mientras está dormido. Cuando se despierta emprende su viaje para casarse con la hija del Rey.

Tras perder a su madre al nacer y luego a sus padres de acogida, el joven es retado una vez más por el Rey. En esta ocasión va al infierno y trae tres pelos de oro del Diablo. Durante el camino se topa con tres enigmas. El centinela de una ciudad le pregunta, ¿por qué la fuente de la plaza, de la que antes manaba vino, se ha secado y ya ni siquiera da agua? En otra ciudad el guarda le pregunta, ¿por qué el árbol de la ciudad, que antes daba manzanas de oro, ahora ni siquiera tiene hojas? Después un barquero le pregunta, ¿por qué tengo que estar bogando eternamente de una orilla a otra sin que nadie me libere? La historia continúa:

Cuando cruzó el río encontró la entrada del Infierno. Estaba oscuro y lleno de hollín, el Diablo no se encontraba en casa, pero su abuela estaba sentada en un gran sillón. «¿Qué quieres?», le preguntó al chico. «Quisiera tres cabellos de oro de la cabeza del Diablo», respondió. «Es demasiado lo que pides», dijo la mujer. «Pero me das lástima, veré si puedo ayudarte».

Lo convirtió en una hormiga y le dijo: «Deslízate sigilosamente por los pliegues de mi vestido, ahí estarás a salvo».

Al anochecer el Diablo llegó a casa. En cuanto entró se dio cuenta de que el aire no era puro. «Huelo a carne humana, aquí pasa algo raro», dijo. Entonces registró cada rincón buscando pero no logró encontrar nada. Su abuela le increpó diciéndole: «Acabo de barrer y de ordenar todo, y ahora lo revuelves todo de nuevo. Siempre tienes la carne humana pegada a las narices. Siéntate y cena».

Cuando terminó de comer y beber se encontraba muy cansado, así que apoyó su cabeza en el regazo de su abuela y le pidió que le despiojase un poco. No tardó mucho en quedarse profundamente dormido, roncando y resoplando. Entonces, la anciana le agarró un cabello dorado, se lo arrancó y lo puso a su lado. «¡Ay!», gritó el diablo, «¿qué haces?». «He tenido un mal sueño, así que te he tirado del pelo», respondió la abuela. «¿Qué has soñado?», dijo el Diablo. «Soñé que una fuente en una plaza de la que manaba vino se había secado, y ni siquiera salía agua de ella. ¿Cuál es la causa de ello?». «¡Oh, si lo supiesen! Hay un sapo debajo de una piedra en el pozo. Si lo matasen, volvería a manar vino», respondió el Diablo.

La abuela se puso a despiojarle de nuevo hasta que se volvió a quedar dormido, roncando de tal forma que las ventanas vibraban. Y le arrancó el segundo cabello. «¡Oye! ¿Qué haces?», gritó con rabia el Diablo. «No lo tomes a mal, estaba soñando», le dijo. «¿Qué has soñado esta vez?, le preguntó. «He soñado que en cierto reino crecía un manzano que antes producía manzanas de oro, pero ahora ni siquiera echa hojas. ¿Cuál crees que fue la razón?». «¡Oh! Si lo supieran», respondió el Diablo. «Una rata está royendo la raíz. Si la matasen, volvería a tener manzanas de oro, pero si sigue royendo el árbol se secará del todo. Ya estoy harto de tus sueños. Si vuelves a molestarme mientras duermo te daré un sopapo».

La abuela le habló con ternura y le quitó los piojos de nuevo hasta que se quedó dormido y roncaba. Entonces le agarró el tercer pelo dorado y se lo arrancó. El Diablo se levantó de un salto, vociferando, y le hubiera pegado de no haberlo tranquilizado, luego le dijo: «¿Qué puedo hacer si tengo malos sueños?». «¿Qué has soñado?», preguntó el Diablo con bastante curiosidad. «Soñé con un barquero que se quejaba de que siempre debía bogar de una orilla a otra, y que nunca era liberado. ¿Quién es el culpable de ello?». «¡Bah! El muy estúpido. Si cuando llegue alguien a pedirle que lo pase le pone el remo en su mano, el otro tendrá que remar y él quedará libre». Una vez que la abuela arrancó los tres cabellos de oro y le respondió a las tres preguntas, dejó en paz al viejo Diablo para que durmiera hasta el amanecer.

Tras salir de la abuela, el joven entrega los mensajes necesarios al barquero (después de que le cruzase al otro lado del río), a la ciudad con el árbol estéril y a la ciudad con el pozo seco. Como agradecimiento, los habitantes de las dos ciudades le dieron asnos cargados de oro. Al regresar a casa el joven le hace entrega de los tres pelos de oro. El Rey, no muy contento por ello, quiere saber cómo encontró los asnos cargados con oro.

«Remé a través de un río y allí lo conseguí. En la otra orilla hay oro en vez de arena», contestó el muchacho. «¿Podría ir yo también a buscar un poco?», dijo el Rey. «Todo el que desees», respondió. El codicioso Rey se puso en camino a toda prisa y, cuando llegó al río, le hizo una seña al barquero. Cuando llegaron a la otra orilla, el barquero puso el remo en las manos del rey y saltó. Desde aquel día el Rey tiene que bogar como castigo por sus pecados. ¿Y sigue bogando todavía? Claro que sí, nadie le ha quitado el remo.[13]

El chico abandonado y el Rey se presentan como dos alternativas a la autoridad y el liderazgo. El Rey representa el ego humano que solo ha adoptado realeza exterior, pero también ha llegado a estar tan enamorado del «reino» que ha utilizado todos los medios para conservar esa autoridad, como se puede observar con frecuencia en algunas escuelas.

Obstinadamente y con total indiferencia por la conciencia humana, el Rey intenta matar al niño lanzando su caja al río, mediante la carta enviada a la reina y mandando al chico al infierno. La autoridad y el liderazgo invertido en cada ego humano pueden usarse erróneamente, lo que hace posible el mal.

Por el contrario, el niño abandonado, que nace envuelto en una tela, está «señalado» para un futuro de grandeza, como de hecho lo está cada niño que nace en este mundo. Es conducido por la corriente vital del agua hasta la orilla de su destino, duerme ileso en un refugio de ladrones y vuelve del infierno con respuestas para sus preguntas. No es solo cuestión de fortuna (hoy en día mucha gente descarta la buena fortuna como cuestión de suerte). Más bien, él es verdaderamente humano; su pensamiento, sus sentimientos y sus deseos (de hecho, todos los aspectos de su ser) están integrados. Las fuerzas de su corazón son particularmente fuertes y responde ante cada situación desde su humanidad: Acepta llevar la carta, escucha con atención las tres preguntas, se pone al cuidado de la anciana y posteriormente al de la abuela, y al final entrega los mensajes. Aplicando criterios actuales, sería considerado un ingenuo. Pero sostengo que el ego emergente, cuando se trabaja en armonía con todos los aspectos de la naturaleza humana, es sabio en vez de inteligente. El conocimiento de «la mente», ser listo, no se habría visto durante su viaje. Y aquí está la primera joya del cuento: el razonamiento no renueva; el desarrollo de la verdadera humanidad renueva.

Como padres, maestros, administradores y defensores de la mejora educativa, ¿cómo podemos lograr esta nueva humanidad? La historia nos da muchas pistas. El niño abandonado es criado durante catorce años por el molinero y su esposa. La vida del molinero es trabajar a través de la materia de la naturaleza (el cereal) y prepararlo para el consumo humano. El molino de la vida transforma tanto la alegría como la tristeza que ofrece el mundo y crea una nueva sustancia para la vida (la conciencia que integra). Porque no solo es el pan el que nos alimenta; es el amor, el que lo mete en el horno. El molinero y su esposa acogieron al chico abandonado y lo criaron únicamente para dejarlo ir a los catorce años. ¿No es este el gesto arquetípico del maestro?

Con frecuencia, en la presión de la vida cotidiana hacemos frente a las impresiones sensoriales y las circunstancias externas que nos rodean, pero carecemos del tiempo o de los recursos internos para hacer el trabajo del molinero y su esposa, que es trabajar a través de las experiencias, las alegrías y las tristezas que nos dan. Estas experiencias que no se transforman se convierten en rocas en nuestro sistema, las cuales nos conducen finalmente al estrés y a un posible agotamiento. La molienda del trigo, el procesamiento de las experiencias vitales, debe tener lugar si se va a crear una nueva sustancia. A lo largo del camino nos encontramos aspectos particulares de la naturaleza humana que puede retar, despertar y proporcionar un impulso para la transformación: El sapo bajo el pozo bloquea el flujo de vino, que podría tanto alimentar como estimular. La rata, ágil y nerviosa, puede carcomer el árbol e impedir su crecimiento, que es el fruto del conocimiento de uno mismo. Y la hormiga, industriosa y consumida por el trabajo, puede mantenernos terrenales a no ser que podamos alejarnos y llevar a casa los tres cabellos de oro.

Esto nos lleva al oro, no solo en los tres pelos de la cabeza del Diablo, sino también en los asnos cargados con oro que expresan la gratitud de los ciudadanos por solucionar sus enigmas. Conocemos la expresión «corazón de oro». La gratitud expresada en oro es natural, ya que es un símbolo del sol, el calor vivificante de la verdadera sabiduría. Pero, ¿por qué se encontraban los tres cabellos «dorados» en la cabeza del Diablo?

Es posible que el lector desee reflexionar esto tranquilamente, ya que la reflexión suele ser más útil que la lectura. En mis meditaciones he encontrado que la adversidad, la cual es desagradable, malvada e incluso dolorosa, suele producir una perspicacia extraordinaria, aunque sus destellos no son más que filamentos. La perspicacia llega en parte como un regalo (de la abuela) y en parte por el valor para cambiar (la hormiga) y pasar por la experiencia. Cada cabello de oro venía con un conocimiento, una solución a uno de los enigmas. Esta perspicacia ayudó a aquellos que lo necesitaban (las ciudades y el barquero) pero no a los que no lo merecían, es decir, al Rey. Es una culminación curiosa que el niño abandonado dé por primera vez al Rey una dosis de su propia medicina y lo envíe a la «otra orilla», sabiendo que se encontrará al barquero. En lugar de ser simplemente un castigo, este final ofrece al Rey una posibilidad para cambiar y transformar su carácter unilateral. La renovación trata de superar la unilateralidad a través del encuentro con los demás y con uno mismo. Al final, es posible el verdadero matrimonio entre el niño abandonado y la hija del Rey, cuando se logra la plenitud.

Por último, hemos de aprender a protegernos a sí mismos de influencias indeseadas e innecesarias. El fenómeno de «la cabeza bajo el agua» es predominante. Esto no solo provoca estrés sino que también impide que la conciencia vaya más allá de las percepciones sensoriales. Para ser «llevados» por el agua de la vida, cuando el niño viajó en la caja, hemos de practicar la manera de que la corriente nos sostenga y trabajar con todo lo que vaya en ella. Esto requiere fluidez en nuestra vida interior y una gran intimidad con la sabiduría del alma.

El mártir

En «Los tres pelos de oro del Diablo», el niño ayuda a los demás con una humanidad sincera y genuina. Tal y como describió Carol Pearson, existe un lado oscuro a la hora de prestar un cuidado:

> Los mártires no solo se sienten desfavorecidos la mayor parte del tiempo porque están sacrificando partes de ellos mismos en el intento de obtener una validación de Dios o de otras personas, sino que… también suelen estar enfadados. Para ellos es esencial que otras personas sigan sus mismas normas ya que no pueden creer por completo que sus sacrificios funcionen para ellos a no ser que el mismo sistema funcione para otras personas.
>
> La razón del martirio es como una trampa para mujeres, ya que las saca de un apuro acerca de una cuestión de crecimiento personal y de hacer una importante contribución al mundo. Cuando tienen miedo de no ser lo suficientemente buenas o de ser castigadas por la cultura por tener la osadía de proclamarse personajes con viajes por hacer, las mujeres pueden refugiarse en la aparente virtud de la abnegación.[14]

Sobre todo en las profesiones relacionadas con la crianza, como la enfermería y la enseñanza, los cuidadores, así sean hombres o mujeres, pueden caer fácilmente en la trampa del martirio a través de la abnegación. Motivados por auténticos ideales y con frecuencia sostenidos por el amor al trabajo, los cuidadores pueden «cruzar la línea», una línea tenue, a veces invisible, entre lo saludable y el convertirse en un mártir para la causa. Cuando se cruza esa línea, es difícil volver hacia atrás, ya que la abnegación se convierte en una especie de «refugio» para el resto de realidades desafiantes de la vida.

Durante el proceso, el cuidador comienza a perder una sensación del yo. En lugar de trabajar desde un lugar de la propia identidad y la integración personal, el mártir busca encontrar el significado desde el exterior o la periferia de la vida. Esas personas y tareas que nos rodean pueden convertirse en el foco principal de atención y, finalmente, el yo interior es definido por aquellos que están a nuestro alrededor. Llegamos a ser lo que los demás quieren que seamos. La identidad no se basa en el núcleo de la individualidad, sino que pasa a depender de la satisfacción permanente de las necesidades de los demás. Sin embargo, cuanto más damos, más tienden a necesitar los que están a nuestro alrededor. Al igual que Sarah en su deseo de ayudar a su escuela, cuando el cuidador intenta corregir inútilmente esta dinámica y vuelve un poco hacia atrás, los sentimientos de culpa y la ansiedad se establecen, lo que, a su vez, impulsa de nuevo la abnegación. El sentido de autoestima disminuye con cada intento fallido y al final uno casi que se convierte en «periferia» (el enfermero y el hospital, el maestro y la escuela, se convierten en uno).

En lugar de convertirse en periferia, hoy en día cada persona tiene la tarea de fabricar la vida interior de modo que sea capaz de servir a los verdaderos propósitos de uno. La forma del alma, un tema recurrente en este libro, puede mejorarse mediante la dinámica del sacrificio, en lugar del martirio. Como dice Jung, el «protagonista» es dibujado con una compulsión fatal hacia el sacrificio y el sufrimiento. Como describió Erich Neumann en *The Origins and History of Consciousness* (publicado en español como *Los orígenes e historia de la conciencia*), el sacrificio ayuda a una persona a salir de la conformidad, la victimización y el antiguo orden con el fin de aprender a ser un individuo:

Si sus actos son considerados como servicios, como sucede con Heracles, cuya vida, la vida de muchos, si no todos protagonistas, es una serie de arduos trabajos y difíciles tareas; o si este simbolismo toma la forma de sacrificio de un toro como con Mitra, o de crucifixión como con Jesús, o siendo encadenado en el Cáucaso como con Prometeo, en todo momento y en todo lugar nos encontramos con el motivo de sacrificio y sufrimiento.

El sacrificio que se hizo podría significar la renuncia al antiguo mundo matriarcal de la infancia o al mundo real de la edad adulta; algunas veces tiene que sacrificarse el futuro por el bien del presente, otras veces el presente para que el protagonista pueda cumplir el futuro. La naturaleza del protagonista es tan variada como las angustiosas situaciones de su vida real. Pero siempre se ve obligado a sacrificar su vida normal en cualquier forma que le pueda conmover, así sea madre, padre, hijo, patria, persona amada, hermano o amigo.

Jung dice que el peligro al que se expone el protagonista es el «aislamiento en sí mismo». El sufrimiento que entraña el hecho de ser un ego y un individuo está implícito en la situación del protagonista de tener que distinguirse psicológicamente de sus compañeros. Él ve cosas que ellos no ven, no se cree las cosas que ellos se creen, pero eso quiere decir que es un tipo de ser humano diferente y, por lo tanto, inevitablemente único. La soledad de Prometeo en la roca o de Cristo en la cruz es el sacrificio que tienen que soportar por haber traído el fuego y la redención a la humanidad.[15]

De este modo, el sufrimiento y el sacrificio pueden llegar a ser actos creativos cuando se vence al convencionalismo y se desarrollan nuevas capacidades. Todos nosotros nos regimos por la convención más de lo que pensamos. La sociedad trabaja de maneras numerosas e imperceptibles para hacernos conformes. El protagonista es un «individuo libre» que actúa por una motivación interna con integridad personal y que ha reconocido el carácter competitivo de las limitaciones externas, y a través de este conocimiento ha logrado una armonía y un equilibrio. El samurái y los caballeros de la Mesa Redonda son ejemplos de este tipo de protagonista que vive por un código que se ocupa tanto de la vida espiritual interior como del comportamiento externo. Cuando actuamos como protagonistas podemos entrar en el sacrificio o sufrimiento y pasar por la experiencia de emerger con nueva fuerza y perspicacia. Esta nueva fuerza nos da el valor para contrarrestar la conformidad y las normas sociales cuando sea necesario. Sin este valor estamos constantemente a merced de las opiniones de la gente y del deseo de agradar, de ser reconocidos y de ser aceptados. Este es un espacio hueco y vacío, mientras que el viaje del protagonista ayuda a crear una riqueza que es autosostenible.

Para el maestro o el padre, el tema del sacrificio e incluso el del martirio se convierte en uno de puntualidad y medida:

> Aunque las recompensas pueden no traducirse en riqueza o poder material en el mundo, el auténtico sacrificio es transformador y no se desfigura. ¿Cómo puede usted saber si está dando de manera apropiada? Cuando lo está haciendo se siente compatible con su identidad, una consecuencia de lo que es... Para muchos de nosotros tomar decisiones sobre cuándo y cuánto sacrificarse nos ayuda a aprender quiénes somos.[16]

Los padres y los maestros toman decisiones a diario, y estas decisiones, a veces tomadas en el momento, ayudan a formar el ser interior que puede sortear esa la línea invisible a la que hacíamos referencia anteriormente. Esa frontera ha de reconquistarse y redefinirse diariamente, de lo contrario uno puede tambalearse a través de ella sin darse cuenta. Tambalearse o caer en situaciones, crea desequilibrio, mientras que trabajar conscientemente puede ayudar a que una persona vuelva a ese centro especial, a ese yo que actúa como brújula en la vida cotidiana. De hecho, la dualidad del ángel, la sombra u otras fuerzas espirituales están trabajando constantemente en nosotros. La pregunta para el ser humano moderno es esta: ¿Cómo me posiciono en relación con lo que está trabajando a través de mí? Y sí, mucho es lo que trabaja a través de nosotros, al igual que la luz pasa a través de las ventanas de Chartres. Desde una perspectiva material, a veces somos muy lerdos pero espiritualmente somos transparentes.

También resulta útil considerar toda la cuestión desde la perspectiva del «otro», es decir, desde la persona o personas que están intentando ayudar. Sabemos que el trabajo cooperativo es lo que hace el mundo un lugar mejor, pero ¿cuándo será posible que lo haga ayudando a otras personas? ¿Cuándo estamos apoyando simplemente la dependencia o irresponsabilidad de otra persona?

> A veces nos empeñamos en dar a las personas que utilizan nuestros dones y energía solamente para ayudarse a sí mismos a seguir en un patrón destructivo. Este comportamiento se muestra más claramente en una relación simbiótica incitador-adicto, en la que una persona parece totalmente altruista, ayudando a los demás, pero en realidad está haciendo posible que el otro continúe en un hábito mortífero, como una adicción química u otras acciones autodestructivas. Una simple prueba de tornasol puede determinar si uno está dando o incitando. Si cuando damos nos sentimos utilizados o con un engreimiento superior, es el momento de ver lo que está sucediendo realmente. La saludable acción de dar es respetuosa tanto con el que da como con el que recibe. Si los Mártires no reconocen que otros adultos con plenas facultades son capaces de cuidar de sí mismos, los están incapacitando... Si los Mártires piensan que dar es más virtuoso que recibir, es probable que den de manera impropia y también que rechacen los regalos que reciben, por lo que siempre se sienten engañados.[17]

Sin ahondar en el tema, sugiero que los cuidadores consideren la cuestión de la abnegación, en la que uno puede desempeñar potencialmente el papel de mártir. Observe las pautas de interacción y las formas en la que responde a peticiones del resto. Sin llegar a ser egoísta, considere la manera de recuperar el equilibrio entre dar y recibir. Si no es capaz de asumir una tarea, puede que para alguien sea un regalo hacerla, por lo que echarse a un lado podría brindar una oportunidad para atraer nuevo talento y recursos a la escuela.

Cambio personal

El cambio es preocupante cuando se hace para nosotros y estimulante cuando es hecho por nosotros.
—Rosabeth Moss Kanter

Sarah, nuestra maestra del segundo capítulo, tuvo un cambio impuesto por ella. La mayoría de nosotros preferiríamos ser un ejemplo de la segunda parte de la frase de Kanter. Hemos visto el viaje del protagonista de la historia de «Los tres pelos de oro del Diablo» y hemos examinado el lado oculto de prestar un cuidado. Ahora que estamos preparados para emprender nuestros propios viajes a través del proceso de cambio, ¿cómo podemos hacerlo?

Muchas personas están viviendo ciclones. Sus vidas interiores se encuentran en un estado de animación suspendida, mientras que sus vidas exteriores están en constante movimiento. Este movimiento incesante no es solo un fenómeno externo, se manifiesta también en la vida interior. En la actualidad la gente tiende a saltar de una idea a otra en respuesta a los estímulos, pero no tanto a la iniciación de la voluntad interior. La precipitación genera más inquietud interior y se filtra una vaga sensación de insatisfacción. En cuanto al trabajo interior activo, el cual podría contrarrestar esta energía nerviosa, muchos dicen que no tienen tiempo. Incluso aquellos que conocen el valor de la meditación suelen sentir que los acontecimientos del día desplazan el espacio para el trabajo personal. De este modo se añade otra capa de culpabilidad a la carga psicológica que llevamos a todos lados.

Aunque esta observación puede ser demasiado intencionada para algunos, considero que el golpe final para la renovación personal y el cambio se producen cuando nos limitamos a hablar de boquilla sobre las enseñanzas espirituales sin una práctica real. Una forma sutil de hipocresía es asistir a una reunión en la que se lee un verso meditativo y luego se procede a continuar alrededor de una discusión que muestra claramente la falta de espíritu de trabajo en los individuos allí presentes. Tal vez sería mejor no tener la pretensión de la lucha espiritual que invoca constantemente a la palabra sin tomar acciones.

Este no tiene por qué ser el caso. Innumerables enseñanzas espirituales e indicaciones de una gran variedad de maestros pueden ayudar a las personas a activar ese núcleo interno del que brota la vida. Para los propósitos de este texto recurriré a los ejercicios dados por Steiner para provocar un cambio personal. Sin importar si uno sigue o no la filosofía de Steiner, he encontrado muchos recursos en esta obra que se pueden aplicar de forma práctica a las situaciones de la vida cotidiana. La intención de la obra filosófica (antroposofía) de Steiner es conectar lo espiritual en el ser humano con el cosmos, conectarnos con el mundo de un modo significativo.

Hoy en día, con frecuencia nos vemos obligados a asimilar información que no se dirige a nosotros, por ejemplo, a través de vallas publicitarias a lo largo de la carretera, anuncios en televisión, llamadas de ventas durante la cena y cosas así. Este exceso de información puede dañar la vida interior, en especial nuestra capacidad para recordar cosas. El equilibrio para este desafío es fomentar un interés activo en lo que hacemos. Mientras espera en la cola de la Dirección General de Vehículos Motorizados, conozca detalles de la persona que está a su lado en la cola. Es increíble lo rápido que pasa el tiempo en medio de una conversación real. Ya sea en una conversación, leyendo, escuchando u observando, lo importante es tener un interés activo. Esta actitud estimula la vida interior.

Otro ejemplo para mejorar esta vida interior es crear conexiones. Si intenta recordar algo o asimilar un nuevo pensamiento, encuentre formas de colocar el objeto de atención en el contexto. Uno puede comparar y contrastar, visualizar el entorno y reflexionar sobre las experiencias compartidas. Por ejemplo, resulta útil establecer conexiones si se ha participado en una llamada telefónica especialmente difícil, en lugar de ocuparse de ella más tarde (lo cual impulsa la respuesta hacia el cuerpo físico y con frecuencia tiene que reaparecer durante el sueño). ¿Cómo se compara esta llamada de teléfono con la última que era igual? ¿Son circunstancias diferentes? ¿Cómo me sentía esta vez? ¿Lo cumplimos realmente o solo expresamos nuestros puntos de vista? Cuanto más seamos capaces de involucrarnos interiormente cuando se produce un acontecimiento en particular, más se alimenta el alma para su desarrollo personal.

Un enfoque más directo es el efecto de un cambio pequeño, desviar un hábito y plantear una acción en la nueva conciencia. Steiner ofrece muchos ejemplos de esto: cambiar la caligrafía, ir a trabajar por un camino diferente o cambiar un hábito rutinario en el habla. Estar atento a una nueva forma de lo que hacemos lleva a la semilla más recóndita de nuestro ser a una conexión más íntima con la tarea. Involucramos al ser interior en la tarea, que actualiza y renueva la fuerza vital descrita a lo largo de este libro. Otro ejercicio que he encontrado muy útil es recordar hacia atrás. Contemple el día como si se moviese hacia atrás a través de los acontecimientos. Es especialmente útil antes de dormir. Tiene un efecto de liberación. (Véase más sobre este tema en la sección sobre el sueño.)

Steiner también propone un ejercicio en el que uno considera detenidamente uno o dos aspectos de una situación antes de tomar una decisión. Hay un pro y un contra en todo, aunque nuestra vanidad o egocentrismo suelen impedirnos ver realmente ambos aspectos. Es especialmente provechoso para la toma de decisiones cultivar la práctica de ver los dos lados de un asunto antes de decidir y llevar a cabo una elección. Esto es útil en varios niveles: nos ayuda a anticipar lo que va a venir como una respuesta de aquellos que nos rodean y nos ofrece la experiencia interior para responder por una especie de objetividad, en lugar de ver la crítica como un ataque personal. Hoy en día se toman las cosas tan a pecho que provoca mucha angustia humana. Desde mi punto de vista, el camino hacia la objetividad no consiste en censurar o reducir todos los «datos» irrefutables sino en realizar el viaje interior con atención, preparando de este modo el yo interior para lo que proviene de afuera. Cuando la vida del alma sea capaz de enfrentarse a lo que viene de fuera en un terreno común, la verdadera objetividad será posible.

Todo este trabajo de cambio personal exige el apoderamiento de nuestra vida consciente y dar una nueva dirección al alma. En lenguaje antroposófico esto significa que tener el Yo, o el ego superior, capta la vida sensorial y emocional en lugar de dejar que la conciencia revolotee al azar. En lugar de pasar de un deseo o anhelo a otro, es posible apoderarse de estos impulsos y proporcionar un liderazgo. Las plantas responden casi por completo al entorno natural. Sorprendentemente, los animales son también receptivos tanto a lo emocional como al clima físico. ¿No es nuestra tarea como seres humanos hacer algo más que simplemente reaccionar a lo que nos hace sentir cómodos? ¿No deberíamos emprender una vida interior consciente de manera que podamos hacer lo que es bueno y auténtico aunque no nos sintamos cómodos en el momento? Dependemos del pasado cuando tomamos decisiones que se basan en un nivel de comodidad. Damos un paso hacia el futuro cuando tenemos voluntad para cambiar nosotros mismos. En todo caso, la renovación en las escuelas depende del coraje de las personas, como el niño de la historia de «Los tres pelos de oro del Diablo», para realizar el viaje del protagonista para así renovarse.

Necesito ser querido

En su folleto «The Sources of Inspiration of Anthroposophy», Sigismund von Gleich habla de la siguiente forma sobre el viaje humano:

> Debido a los fuertes vientos en contra y huracanes, el manejo de la barca de la vida de una persona puede llegar a estar hoy en día tan firmemente encallada a un banco de arena, que difícilmente puede volver a ponerse a flote con la propia fuerza. A partir de ahora, en estos casos (podemos suponer así) puede suceder el «milagro» de que el divino Señor del Karma, por el bien de una necesidad superior, saque a la pequeña barca del banco de arena. De este modo, se ofrece la posibilidad de una nueva libertad de movimiento mediante un cambio simultáneo en el corazón y el alma de una persona.
>
> Pero si en los seres humanos no se ha desarrollado una buena disposición para una reconciliación basada en un profundo conocimiento, entonces puede que sean los socios de este desgraciado los que no entiendan el cambio en el corazón y se embarquen en el nuevo curso de la vida. Si no confían solo pueden entorpecer su transformación. Casi nada funciona de forma tan desastrosa entre

los seres humanos como la fatal tendencia de obligar a alguien a establecer formas de actuación anteriores o rasgos de carácter que quizás han sido superados recientemente, o incluso hace tiempo. Este desamor, una rigidez de la autocomplacencia o de amor al ocio, es por lo que la gente obliga constantemente a fijar (y crucifica) al resto.[18]

Las percepciones fijas de unos y otros se pueden superar si se tiene voluntad para hacerlo. No solo debemos enfrentarnos a los desafíos de nuestro cambio personal, sino que también debemos establecer un entorno para el cambio de los demás y de nosotros mismos. Hay muchos ejercicios que pueden ayudarnos. Para los que desean explorar aún más, el libro de Steiner «*Cómo conocer los mundos superiores*» contiene ejercicios muy útiles. Uno que he encontrado interesante es preguntarse a sí mismo al comienzo del día: «¿Puedo descubrir hoy algo nuevo sobre este compañero o padre?» Si uno está tan orientado, es increíble lo mucho que queda todavía por descubrir, incluso sobre personas con las que uno ha trabajado durante años. Es especialmente interesante que esta actitud apoye en realidad el movimiento y el desarrollo positivo deseado por el compañero en cuestión; es decir, mi interés promueve la misma flexibilidad y el cambio que podría ser necesario.

Esto no quiere decir que los cambios sean fáciles. Todos arrastramos heridas de uno u otro tipo. Con frecuencia abrimos la herida de los demás de forma inconsciente. Esas heridas pueden ser muy profundas o superficiales. No podemos eludir el dolor que acompaña a las interacciones humanas, pero tenemos opciones en la manera de trabajar con la condición humana. En medio de la conmoción de la vida cotidiana en una escuela, hay personas reales que tienen necesidades muy básicas. Las personas quieren ser reconocidas, oídas y queridas. Y, hoy en día, los seres humanos tienen una gran necesidad de sentirse seguros. La seguridad es algo que la mayoría de maestros, padres y administradores trabajan de una forma explícita cuando se trata de niños, edificios y supervisión. Sin embargo, los problemas de seguridad con las interacciones adultas no se reconocen tan fácilmente.

Este es un tema delicado. Si alguna vez he confiado en alguien y esta confianza se ha roto posteriormente, ahora la llevo como una herida. ¿Es probable que me vuelva a abrir a los demás? ¿Cuáles son las condiciones para la curación?

No existen respuestas fáciles para estas preguntas, no obstante me gustaría compartir algunas sugerencias:

- Una pequeña victoria puede tener un efecto dominó en toda la escuela. Si una conversación puede ser «completa», si un padre o maestro siente sus necesidades satisfechas, se otorgará a esa persona la «magia» que se propagará en cada interacción posterior.
- Básicamente, el objetivo de la comunidad adulta que rodea a una escuela es crear una cultura de confianza.
- La confianza aumenta cuando:
- Las personas escuchan con la mente y el corazón abiertos;
- Se habla con franqueza;
- Se comparte información;
- Se reconoce que las personas quieren hacer un buen trabajo en los temas que interesan; adopte mejores intenciones y experimentará mejores prácticas.
- Las personas se necesitan las unas a las otras y se pueden mantener unidas por un propósito común.
- Si desea una cultura de confianza es necesario que las personas participen, y éstas participarán si reconoce que deben involucrarse en las cosas que les afectan.
- Los sentimientos y los pensamientos son tan importantes como las acciones. Y nunca es demasiado tarde para cambiar.

Además de los ejercicios que he mencionado en otras partes de este libro, un verso especial puede llegar a ser un compañero en nuestro sendero interior, como en Faithfulness Meditation de Rudolf Steiner:

Cree usted mismo una nueva e indomable percepción de la fidelidad. Lo que normalmente se denomina fidelidad pasa demasiado rápido. Deja que ésta sea su fidelidad:

Experimentará momentos...momentos fugaces...con la otra persona. El ser humano le parecerá entonces como si se llenase o irradiase con el arquetipo de su espíritu.

Y entonces puede haber...de hecho serán otros momentos, largos periodos de tiempo, en el que los seres humanos se ensombrecen. Pero en esos momentos aprenderá a decirse a sí mismo: El Espíritu me hace más fuerte. Me acuerdo del arquetipo, lo vi una vez. Sin ilusión, la decepción no me lo robará.

Luche siempre por la imagen que vio. Esta lucha es fidelidad. Esforzarse tanto por la fidelidad puede acercarnos los unos a los otros, como si se dotase de los poderes protectores de los ángeles.[19]

5

HERRAMIENTAS PARA EL VIAJE INTERIOR

Recuerde cuando...

La mitología nórdica describe un árbol eterno, Yggdrasil, con tres raíces gigantes y ramas que se extienden por todo el mundo, incluso a través del cielo. Debajo de la primera raíz se encontraba el pozo de Urd, que era custodiado por las tres Nornas o diosas del destino. Era allí donde los dioses se reunían en consejo. También conocido como el «Árbol Guardián», Yggdrasil alimentaba y sufría por los animales que vivían allí. Nidhogg, el dragón, roía sus raíces; las cabras y los ciervos saltaban sobre sus ramas y comían sus brotes tiernos; y la ardilla Ratatosk trepaba el árbol de arriba abajo comunicando insultos de Nidhogg al águila que vivía en la copa de Yggdrasil. Se decía que la fruta cocida de Yggdrasil garantizaba un parto sin riesgo y que su rocío era tan dulce que las abejas lo utilizaban para hacer miel. Sin embargo, el árbol era muy viejo; había partes que estaban podridas y otras se estaban descortezando, y por eso susurraba y gemía.

Este árbol era alimentado por las tres Nornas: Urd (el Destino), Skuld (el Ser) y Verdandi (la Necesidad). Se creía que tejían los destinos tanto de los hombres como de los dioses, así como de todos los seres vivos. Juntas compartían un ojo con el que podían ver y comprender los enigmas de la vida, el trabajo de las personas y los dioses. Podían predecir el pasado, el presente y el futuro.

Estas imágenes hablan del tema de la renovación de distintas maneras. El árbol representa la vida, con el pozo alimentando sus raíces. Las culturas de todo el mundo han reconocido que el agua mejora la vida. En Asia, los indios ven el Ganges como la fuerza vital de su tierra. Utilizada no solo para la higiene corporal, el agua sostiene la vida, como en el cuento de los hermanos Grimm «El agua de la vida», descrito en *School as a Journey*. No hay nacimiento sin agua. La puerta de entrada a la Tierra es a través del agua; la sustancia física suele formarse a partir de una existencia acuosa. El pozo de las Nornas procede de profundidades ocultas y da vida a partir de fuentes desconocidas. Pero, al menos para mí, las tres Nornas son el mayor enigma. Con un solo ojo, su visión y su sabiduría son extraordinarias. ¿Qué significa estar en la fuente de la vida, a los pies del pozo? ¿Qué se siente al ser capaz de recordar todo lo que ha sucedido? ¿Cómo funciona o perjudica la memoria para la renovación?

Por el bien de la renovación, quiero enfatizar que si uno puede practicar una observación detallada y una memoria activa, entonces se crean relaciones internas que son beneficiosas para la fuerza vital. Una observación sagaz puede dar lugar a unas imágenes vívidas de la memoria que, a su vez, pueden provocar un recuerdo saludable, un proceso que sustenta las fuerzas vitales. En cambio, limitarse a vivir con impresiones sensoriales fugaces que vienen y van como imágenes en una pantalla conduce a impresiones borrosas y recuerdos torpes, los cuales debilitan las fuerzas vitales. Un buen ejemplo de esto último es ver la televisión. Hace algunos años, cuando estaba haciendo la encuesta, me asombré al descubrir la cantidad de tiempo que pasan los maestros viendo la televisión, incluso cuando se aboga por que los niños la vean menos. Las imágenes fugaces de la televisión afectan a la capacidad para recordar. Las fuerzas vitales se apagan y con ellas la capacidad para hacer cosas sencillas que requieren memoria: ¿Dónde puse mi teléfono móvil? Acabo de tenerlo. Es demasiado pequeño. ¿Lo robó alguien? Cuando los pequeños actos de recordar se convierten en un reto, lo más probable es que se esté sufriendo un aumento del estrés, una reducción de la vitalidad y más de una necesidad de renovación.

De este modo, recordar no se trata solo de una recuperación. Es un proceso humano que aporta vitalidad al alma, la cual, a su vez, puede dar lugar al conocimiento que se experimenta, es decir, la sabiduría.

Entrar en situaciones de la vida con una nueva sabiduría y percepción aporta frescura a otras personas. Es evidente el lado práctico de este trabajo espiritual. Para los maestros y sus alumnos la memoria es vital para el proceso de aprendizaje.

Hoy en día vivimos en una cultura del Ahora. A través de los medios de comunicación y las numerosas tentaciones del materialismo, hoy en día se ordena a una persona que viva el momento, experimente la vida y «se mime a sí mismo». Irónicamente, desde el punto de vista de la vida interior, cuando uno observa realmente a las personas puede hacer el sorprendente descubrimiento de que en realidad pocas son felices en la actualidad. Para muchos, el futuro se vislumbra lleno de expectativas y lleva consigo un temor y una inquietud considerable. Muchas personas se ven influidas por lo que puede o no puede suceder en el futuro. Pueden estar pagando por la educación universitaria de su hijo, ahorrando para su jubilación o la posibilidad de la enfermedad y el sufrimiento. Asimismo, el pasado corre como un río subterráneo a través de nuestras vidas. Las experiencias de familiares y amigos, la alegría y la pena, el éxito y el fracaso perdura en nosotros más de lo que normalmente nos damos cuenta. Estoy convencido de que aprender a recordar de un modo correcto puede ser tremendamente bueno para las relaciones humanas de hoy.

Algunos se imaginan la memoria como un sistema de tarjetas o una serie de diapositivas que se pueden recuperar a la voluntad. Otros han hecho hincapié en la llamada pérdida de memoria, ¡llegando incluso a la cómica historia del hombre que confundió a su esposa con un sombrero! ¿Qué es la memoria y cómo afecta a nuestra vitalidad? Se podría empezar por ver los dos tipos de memoria: la que es una retención de experiencias secuenciales y relacionales; y la otra, que es una luz intermitente de una imagen mental. Por ejemplo, recuerdo que hablé con una persona mayor que tenía dificultad para recordar lo que le sirvieron el día anterior en el almuerzo pero que podía recordar con gran detalle un evento o un cuadro de su infancia, ¡hace setenta años! Para estas personas, la memoria parece vivir en la vida interior como una realidad, simplemente a la espera de que la llamen de nuevo.

Incluso cuando se produce una pérdida de memoria a corto plazo, una persona puede ser capaz de llevar a cabo extraordinarias experiencias del pasado. Por consiguiente, el recuerdo es una actividad del alma; es una reconstrucción, un acto creativo en el que lo invisible se hace visible de nuevo.

¿Dónde residen las imágenes de la memoria cuando no se están recordando? Muchos artistas han utilizado el tema de la memoria como una forma de entenderla. La memoria es sutil, imprecisa e intensa. Solamente hay que pensar en Marcel Proust y sus magdalenas, las historias de Colette sobre el jardín de su madre, el recuerdo de Lilliam Hellman de su amiga Julia y, en la pantalla, las imágenes oníricas de Federico Fellini de su infancia. Los griegos personificaban la memoria y creían que era la madre de las nueve Musas. Por tanto, para un artista es esencial el trabajo de creación. Steiner creía que la memoria se guarda en el manantial de la fuerza vital. El vestigio de un recuerdo, como una melodía de la que nos acordemos, vive en los pliegues de esta fuerza vital y se retiene como un concepto. Los que hemos sido conscientes de restos en este «cuerpo» de fuerzas formativas, estamos a la espera de que la conciencia nos despierte de nuevo. El «cuerpo» de nuestros sentimientos y emociones, el asiento de la conciencia, es el despertador. En otras palabras, si de repente huelo pan horneado, se despierta el recuerdo consciente de una vez que me senté en la cocina de mi tía abuela cuando era un niño y la vi sacar pan fresco de una cocina de leña.

¿Qué pone en marcha el proceso de despertar? El órgano interno por el cual el objeto del recuerdo se vuelve a reconocer y a activar es el ego humano. Se sacude a sí mismo despierto durante el acto de recordar. Lo que estaba debajo del umbral de la conciencia se cierne como si fuera un espectro, dormido, para luego avivarse de nuevo como un recuerdo. Así como las fuerzas vitales forman y reproducen constantemente el cuerpo físico hacia el exterior, éstas también forman y guardan interiormente los recuerdos que nos ofrece la vida. Es interesante observar a alguien mientras que intenta recordar: puede que golpetee impacientemente con el dedo, puede que ande de arriba abajo o juguetee con un lápiz. Pero cuando se establece el contacto y se halla el recuerdo, por lo general el cuerpo permanece completamente inmóvil.

De este modo, recordar es un asunto que implica a todo el ser humano. El ímpetu para el recuerdo procede del ego. Los sentidos se conectan con la conciencia, que busca y capta el recuerdo; la fuerza vital lo retiene; y el cuerpo físico descansa tranquilamente para que el proceso tenga lugar. Como es lógico, cuando el cuerpo físico está enfermo, es más difícil recordar.

Esa parte del ser humano a la que he llamado ego es como el conductor de un vehículo, el auriga griego que sujeta las riendas de un caballo. Este ego, único en cada ser humano, reconoce por completo las experiencias pasadas y, al hacerlo, se identifica continuamente consigo mismo. Al recordar, una persona igualmente está experimentando, juzgando y remodelando la propia identidad. Esta captación de la memoria se convierte en la sensación de estar dentro de uno mismo. Esta es la base espiritual de la intuición. Para aquellos que quieran ejercicios prácticos para mejorar estos procesos, propongo los siguientes:

- Puesto que la memoria, tal como la he descrito, es un asunto de todo el cuerpo, utilice el cuerpo. El ritmo nos ayuda a aceptar las cosas en el organismo. Al igual que un actor que se aprende un diálogo, camine o desplácese de forma rítmica cuando memorice. Incluso puede adaptar las palabras que esté aprendiendo a un patrón rítmico.
- Si está tratando de recordar un poema o un fragmento de un libro y no recuerda una palabra, ponga una al azar en el espacio en blanco. Después mire si puede sustituir esta palabra por la que necesita.
- Utilice la calidad de imagen de la memoria para recordar a una persona, un acontecimiento o un lugar. Dibuje interiormente la imagen, proporcionando tantos detalles como sea posible. ¡La persona solo se le puede venir a la mente durante el proceso!
- A la misma hora del día, practique la memoria haciendo algo que no sea indispensable, por ejemplo, cambiar un libro de la

estantería. Si se hace con regularidad, este ejercicio refuerza la voluntad para recordar.

- Por último, ya que la fuerza vital es crucial para una buena memoria, haga lo que es mejor para generar fuerzas vitales. Coma bien, haga ejercicio, cultive una afición y disfrute de las artes. Si estamos en armonía, la vida interior puede conciliar mejor las necesidades del pasado, presente y futuro.

Leer el destino

Mientras que los Dioses Nórdicos iban a Yggdrasil y consultaban a la tres Nornas de Destino, Ser y Necesidad, el padre y el maestro de hoy tienen que aprender a leer el destino por sí mismos. En la formación para el título de socorrista en la escuela secundaria, me recordaban una y otra vez que cuando uno se queda atrapado en la corriente rápida de un río, lo mejor es nadar en diagonal a la corriente mientras se lleva a cabo el rescate. Cualquiera que haya experimentado el flujo de un río sabe respetar la fuerza del agua en movimiento. Lo mismo sucede con el destino. Sí, el nadador también es importante, pero ayuda muchísimo si uno es capaz de respetar la corriente fundamental, o el destino, que trabaja en esta vida.

Me sorprende mucho ver cómo los maestros y los padres gastan a veces una energía y un tiempo excesivo luchando contra la corriente. Esto surge cuando un padre no apoya ni se siente cómodo con un maestro o una escuela y, sin embargo, evita abordar directamente las cuestiones preocupantes. El padre puede sentirse «fuera de sí» y al mismo tiempo atrapado en una situación insostenible; o un maestro puede seguir enseñando mientras siente el tirón de otra profesión. Estas posiciones a contracorriente de la vida contribuyen a una sensación general de malestar en una comunidad escolar. Como he mencionado en otros contextos, una escuela tiende a absorber, como una esponja, todo lo que vive a su alrededor. Una manera de fortalecer nuestras escuelas es desarrollando la capacidad para leer el destino, el nuestro y el de nuestros seres queridos. Por ejemplo, si es evidente que un programa que se ha enfocado de la misma forma todos los años se ha quedado obsoleto o no se tiene el tiempo, la gente o la energía para llevarlo a cabo, esto es la corriente del destino. Debería verse como una necesidad de cambio. Como maestro Waldorf, he encontrado obras de Steiner llenas de recomendaciones prácticas. He adaptado unas cuantas en los pasos que se resumen aquí. Estos pasos no dan lugar a un conocimiento instantáneo, como si las tres Nornas hubiesen contestado a todas nuestras preguntas. En su lugar, debemos asumir la responsabilidad y hacer nosotros mismos el trabajo. Según mi experiencia, trabajar con el destino permite momentos en los que uno es capaz de ver la realidad más amplia y luego hacer la pregunta adecuada en el momento adecuado, o hacer un simple cambio que provoque una reestructuración con la corriente de la vida.

> Solo cuando estás en lo más bajo
> puedes recibir lo más alto,
> solo cuando más vacío estás
> puedes llenarte,
> solo cuando estás en reposo
> puedo estar activo en ti.[20]

Estas son algunas formas en las que podemos ver hacia dónde nos conduce el futuro:

- Si se le impide hacer una cosa, esté muy atento a lo que entra en el espacio alternativo. (Por ejemplo, si pierde el bus que tenía pensado coger, ¡preste atención a lo que sucede mientras espera al siguiente!) Por lo general, nos preocupamos demasiado por las interrupciones de nuestros planes y deseos conscientes para sentir el significado o intención potencial de nuestro inconsciente.
- Lleve imágenes de su situación vital al sueño. No juzgue, interprete ni analice. Simplemente ofrézcale una pregunta a su inconsciente: «¿Qué debo hacer? ¿Qué es esto?». Al día siguiente, mire y escuche los mensajes del mundo exterior. Tal vez escuche algún comentario por casualidad, ni siquiera dirigido a usted, o vea una señal de tráfico o algún otro fenómeno externo que le diga algo relevante. Repita este proceso durante tres noches y días. Confíe

en sus percepciones, incluso si no tienen sentido de inmediato para usted. Está empezando a concienciarse más o a activar un «campo de fuerza» entre lo interior y lo exterior, el cual lleva su destino más profundamente de lo que lo hace la conciencia diaria del yo. Por lo tanto, tenga esperanza.
- Cualquier evento importante que le gustaría comprender más a fondo también puede llevarse al sueño durante tres noches. Evoque la experiencia con fuerza, gráficamente, antes de dormir. Tenga en cuenta cualquier cambio en su percepción o en sus sentimientos en los días posteriores. Con frecuencia, para el cuarto día descubrirá que tiene una nueva actitud y un nuevo sentido para la actuación.
- Admita que cada elección le lleva por un camino y deja otros sin explorar. Y mientras que está sobre un pedazo de tierra, ¡nadie más puede ocuparlo! Algunas veces nos aferramos a lugares creyendo que si nos movemos, ¡el mundo se derrumbará o dejará de girar! Puede que privemos a otra persona de su siguiente paso.
- Pregunte qué pasos podríamos ofrecer a los demás mediante las oportunidades que podemos brindarles.

Aprender de nuevo a rezar

La escena es un tren de metro en Nueva York. Son las 7:30 de la mañana. Las luces parpadean mientras que el tren gana velocidad, revelando filas de personas, cabezas que se esconden en sus periódicos o miran fija y silenciosamente hacia el espacio. El ruido y la temprana hora impiden la conversación, y los cuerpos permanecen colocados el uno al lado del otro, con no más que un golpe esporádico de interacción humana. El tren se detiene. Hay un frenesí de actividad cuando unas personas salen volando y otras entran en tromba, solo para repetir el insensible viaje de aquí a un lugar cualquiera. El acero, el ruido, la luz artificial y el aislamiento humano en el metro de la vida ha puesto a muchos en una trampa: estaciones predecibles en las que se suben y se bajan, poco calor humano y un tiempo que se mide por la resistencia. Aquellos atrapados en el vagón de metro del materialismo sufren por dentro en silencio. Existe una sensación de movimiento pero sin mucho propósito.

Es increíble como la experiencia de la vida moderna parece conspirar para mantenernos corriendo, lidiando con el aquí y ahora, evitando las cuestiones subyacentes y las realidades de nuestras vidas. Vimos un ejemplo de esto en la historia de Sarah. Cada vez pasamos más tiempo absorbiendo información sin oportunidad de procesarla y adquiriendo conocimientos sobre cosas sin encontrar la compostura para desarrollar la sabiduría. Con la tecnología nos hemos vuelto más productivos, ¿pero somos en realidad más felices? Al entregarse a impresiones externas, muchos sienten que han llegado a distanciarse de sí mismos. Nos esparcimos en cada dirección y nuestras fuerzas vitales se agotan con desenfreno. Al final de otro día frenético, el cansancio se establece, la mente se nubla, un completo agotamiento que hace que el cuerpo parezca un vegetal. Ver la televisión también puede trasladar esta apatía a nuestra vida interior. Unas cuantas horas pasan con poco que mostrar el tiempo dedicado. Nos quedamos dormidos, apáticos, solo para despertarnos demasiado pronto y volver a empezar la rutina.

Al permitir que el mundo exterior nos gobierne, hemos creado una barrera para la misma compostura y la vida interior saludable que nos podría renovar y reponer. La preocupación por exigencias externas ha bloqueado las fuerzas divinas superiores ya que se desarrollan poco a poco en nosotros. Al igual que Sarah, algunas veces es necesaria una crisis para cambiar las cosas lo suficiente como para reorientarnos. Esto nos muestra que tenemos libertad para elegir hacia dónde prestar atención y para decidir como nos exponemos cada día. Cuando encontramos el camino hay momentos para ir más allá de las preocupaciones inmediatas, para ir más lejos que las inquietudes momentáneas del ego. Empujada por una crisis, la semilla interior del yo puede iniciar un nuevo desarrollo del ego.

Este esfuerzo iniciado por uno mismo, aunque solo sea para comprender algo más a fondo, puede crear una fantástica sensación de calor interior. Al dedicarse por dentro, en vez de adormecerse, el yo interior es capaz de volver a crear. Esto sucede en las prácticas artísticas, la meditación y el rezo. El calor que se genera por esta actividad autodirigida hace que un alma que estaba perdiéndose en factores externos se vuelva a recomponer a través de la vida interior.

Una cosa que ayuda muchísimo es quitarse la actitud de «control y dominio» de la competencia feroz de la vida materialista. Si podemos encontrar unos minutos para asumir una imponderable pregunta, nos daremos cuenta de lo poco que controlamos realmente la propia voluntad. En el Budismo Zen los maestros utilizan kōans, historietas cortas o preguntas imponderables para propósitos meditativos. El kōan no puede comprenderse por lógica, sino que lleva al alumno a una comprensión directa e intuitiva de la Gran Realidad. Isshu Miura y Ruth Fuller Sasaki, en *The Zen Koan,* citan estos famosos ejemplos: «Un monje le preguntó al Maestro Joshu: "¿Tiene un perro la naturaleza de Buda o no?". Joshu respondió: "¡Mu!"». «Y Hakuin Zenji solía decir a sus discípulos: "¡Escucha el sonido de una sola mano!"». Miura y Sasaki explican que todos los seres vivos son Buda o están dotados con la naturaleza de Buda. Por otra parte, a pesar de que todos los sonidos se transmiten correctamente, nuestros instrumentos receptores se pierden en la emisión de nuestro propio ruido, y somos incapaces de detectar sutilezas.[21]

Estos son ejemplos imponderables de nuestra propia cultura. Después de considerarlos, mire si puede inventarse su propio *kōan* o imponderable:

- Cuando se espera un hijo, en lugar de encontrar la respuesta a la pregunta de si es un chico o una chica por medio de la tecnología, mantenga la pregunta.
- Tras el parto de un hijo y en los días, semanas y años posteriores, haga esta pregunta: ¿Quién es este niño?
- En lugar de trabajar en el jardín por el simple hecho de hacer el trabajo, deténgase, como hizo Sarah tras su enfermedad, y pregunte: ¿Qué significa para esa semilla el momento de germinar?
- Al igual que cuando tomé la decisión de hacerme cargo de una clase de primer grado hace años, uno podría darse un paseo

nocturno dejando a un lado las farolas y preguntarse: ¿Me están hablando las estrellas esta noche?
- Uno se podría preguntar en una reunión: ¿Cómo es que la solución a un problema suele surgir de la forma menos esperada?
- Al despertar la alegría y la maravilla de un matrimonio, uno puede preguntar de vez en cuando: ¿Nos conocíamos el uno al otro antes de que nos presentasen?

Hay tantas imponderables preguntas de esto como estrellas en la noche. La que escoja importa menos que la realidad de vivir con un pensamiento que desafía la lógica ordinaria. Si se vive con una imponderable pregunta por un tiempo, se puede experimentar un sentimiento de sumisión y de devoción que es mayor que el yo. Esto nos lleva más allá de nosotros mismos. Durante el proceso producimos sentimientos de luz y calor. La luz simboliza la libertad del alma de la necesidad de tener respuestas para todas las preguntas. Es la libertad de preocuparse por lo que nos depara el futuro y la libertad para anticiparse. El sentimiento de calor simboliza la idea de que a través del pasado solo hemos vislumbrado lo divino, pero ahora podemos crear nuevos sentimientos y sensaciones que trabajan dentro de nosotros con la fuerza vital.

Una sensación de obediencia espiritual nos prepara para cumplir con lo que depara el futuro. Los maestros y los padres viven en un estado perpetuo de anticipación de lo inesperado. Los niños, por su propia naturaleza, ¡desafían la previsibilidad! En lugar de vivir con miedo y preocupación, cuando cultivamos y vivimos con las imponderables preguntas en la vida interior, descubrimos que poco a poco podemos aprender a cumplir todo lo que nos llega con una nueva certeza, esperanza y confianza generada por uno mismo.

La sabiduría del mundo se encuentra en todo, como en el rocío de la mañana en los pétalos de flores brillantes. El buscador puede descubrir secretos que están esperando a ser descubiertos en toda la naturaleza (la formación de las rocas, plantas, animales, humanos e incluso las estrellas). Las fuerzas creativas que existen en todo suelen estar escondidas, incluso ocultas de la visión por la sustancialidad material de las «cosas». La sabiduría se encuentra cuando somos capaces de ver a través de la ilusión de la materia y del encuentro la fuente de la vida creativa, el movimiento, el crecimiento y la transformación en lugar de los objetos finitos y fijos del mundo que nos rodea. Podemos empezar simplemente por sentir la grandeza e inmensidad de todo. La devoción conduce a la receptividad, que puede generar conocimiento y una nueva confianza en la sabiduría del mundo. Esta sabiduría brilla delante de nosotros. Nuestro esfuerzo, sobre todo en las artes, la meditación y la oración, hace posible que esta sabiduría del mundo brille a través de nuestro afán por lo superior. La iluminación surge de la realidad del esfuerzo interior dedicado.

El sueño

En los muchos libros, artículos, proyectos de investigación, jornadas de convivencia y conferencias disponibles para maestros, así como en las comisiones gubernamentales y debates públicos sobre la renovación escolar, casi nunca oigo ninguna mención sobre el papel del sueño. Cuando se pide a la gente que opine sobre este tema, la mayoría responde: «Desde luego, si tan solo pudiese dormir más, me ayudaría mucho. Pero con mi horario no soy capaz de irme a la cama a tiempo». Y la mayoría reconoce que una buena noche de sueño cambia mucho las cosas. Se puede ser una persona completamente diferente dependiendo de la calidad y la cantidad de sueño. Sin embargo, el tema ha recibido poca atención pública con respecto a nuestras escuelas.

En esta sección me gustaría describir los aspectos del sueño y cómo éste se relaciona con la salud personal y orgánica. Vivimos en un tiempo de sobreestimulación nerviosa, una especie de insomnio perpetuo. Como debatimos en el tercer capítulo, las luces, mensáfonos, teléfonos, automóviles y otras comodidades modernas tienden a conservar nuestros nervios en un estado de agitación. El ritmo de la vida es tal que parece que estamos corriendo de una cosa a otra. Requiere una enorme fuerza de voluntad forjar un oasis de cordura, un periodo de calma ininterrumpido. Es casi como si el mundo actual estuviese conspirando para impedir el tipo de paz y contemplación necesaria para la vida espiritual.

Se podría pensar que toda esta actividad exterior garantizará al menos una buena noche de sueño pero, por desgracia, cada vez más personas padecen insomnio y otros trastornos del sueño. El día puede acabar siendo tan frenético que es difícil desacelerar lo suficiente como para simplemente dormir. Por ese motivo, cada vez más personas van correteando durante el día en un estado de cansancio aplazado. Estas son algunas de sus consecuencias:

- Mal humor e impaciencia general con todo lo que tarde más de unos minutos;
- Una forma de expresarse que es monosilábica, tensa y abstracta;
- Errores de apreciación en problemas grandes y pequeños;
- Más confusiones y conflictos interpersonales;
- Decisiones que se toman a partir de un desequilibrio personal que lleva a un malestar orgánico;
- Menos cuidado, amor y devoción por los niños y otras personas importantes en nuestras vidas.

De hecho, si se me pudiese conceder un deseo en nombre de la renovación escolar, pediría una mejora significativa en la calidad del sueño de padres y maestros. Ningún otro cambio tiene un potencial más beneficioso que el de eliminar el estado de agotamiento crónico que se produce a final de semana en la mayoría de escuelas.

¿Qué sucede durante el sueño? Muchas personas ven el sueño como una especie de «tiempo muerto» de su vida, una función necesaria de la existencia humana. Sin embargo, cuanto más leía los estudios contemporáneos sobre el sueño y las indicaciones dadas por Steiner en el cambio de siglo, más me he dado cuenta de que el sueño es un estado sumamente funcional de la conciencia. Mi primera indicación de esta fuerza vino durante el proceso de cotejo de los resultados de una encuesta que llevé a cabo sobre la renovación del maestro. Fueron encuestados más de un centenar de maestros de docenas de escuelas públicas y Waldorf. Una de las preguntas que hicieron fue esta: ¿Cuándo reciben la mayor parte de sus inspiraciones para enseñar, por la noche o por la mañana? Debido a que la mayoría de maestros se prepara por la noche, la lógica habría dictado una respuesta en favor de la noche. Sin embargo, el 66% de los maestros de la escuela pública y el 71% de los maestros Waldorf declararon que reciben la mayoría de sus inspiraciones para la enseñanza a primera hora de la mañana o, en otras palabras, después de dormir. Esta pregunta me llevó a otra pregunta: ¿En qué consiste el sueño que permite la inspiración y la energía que tiene que ver con la enseñanza inspirada?

Grandes poetas y escritores se han referido al sueño como fundamental y revitalizador. Entre ellos, Shakespeare dijo esto: «Al inocente sueño que remienda el hilo desgarrado de las cuitas, / término de cada día de la vida, baño que repara la dolorosa faena, / bálsamo de las mentes laceradas, platillo el más fuerte de la gran naturaleza / y principal sostén en la fiesta de la vida».[22] Y en el *Don Quijote* de Cervantes, Sancho Panza dice: «Bien haya el que inventó el sueño, capa que cubre todos los humanos pensamientos, manjar que quita la hambre, agua que ahuyenta la sed, fuego que calienta el frío, frío que templa el ardor, y, finalmente, moneda general con que todas las cosas se compran».[23]

De mi propio estudio de las obras de Steiner y otros autores, he llegado a considerar el sueño como una forma de conciencia que permite una especie de proceso que no es posible con la conciencia diurna. A lo largo de las diferentes etapas del sueño, «digerimos» el día anterior y nos abrimos a las influencias de algo más grande que nosotros mismos. Dormir puede verse como una fuerte espiración que equilibra la inspiración del día, junto con todas las impresiones sensoriales que absorbemos. En el momento de quedarse dormido se produce una especie de relajación o liberación. Esto puede experimentarse si se está atento: cuando el cuerpo descansa en la cama, las articulaciones empiezan a flotar poco a poco; la cabeza es la última parte del cuerpo que deja ir a la conciencia. Justo antes de dormirse se experimenta una especie de nado, como si uno fuese balanceado por el suave oleaje de un gran océano de existencia. Por la mañana, las articulaciones suelen despertarse primero y poco a poco la conciencia se introduce de nuevo en el resto del cuerpo. Es posible que un lunes a primera hora de la mañana nos movamos por casa, nos tomemos el café y desayunemos, mientras que la cabeza sigue dormida. Si se trata de una persona madrugadora, el proceso de llegada es más rápido; si es trasnochadora, el movimiento espiral de la conciencia durante un periodo de veinticuatro horas es más paulatino.

Durante el día nos mantenemos ocupados con las impresiones sensoriales y nuestras respuestas de lo que la gente dice, hace y piensa. Por la noche, la salida de nuestra conciencia diurna permite la conversación con nuestros seres internos. A medida que avanzamos por las diferentes etapas del sueño, Steiner propone que somos renovados por seres espirituales que se interesan por nuestro progreso. Steiner describió estos seres espirituales como ángeles, arcángeles y *arcai*. Los ángeles son los más que se relacionan con nuestro trabajo como individuos aislados; ellos están más cerca de nosotros. Los arcángeles trabajan con grupos de personas, como una comunidad escolar o una nación. Y el *arcai* supervisa el flujo del tiempo. El grado de participación de estos tres niveles depende de como hayamos pasado nuestras horas diurnas. Si hemos dedicado tiempo para trabajar con la naturaleza, con el creciente y floreciente mundo del reino vegetal, la primera etapa del sueño se mejora. Si se ha tenido una conversación real, un tipo importante de interacción humana en la que se practica el arte de la palabra, se mejora otra etapa del sueño. Por último, traemos un tercer ámbito de «regalos» para el mundo del sueño, concretamente, nuestros movimientos durante el día. Cada paso o gesto de la mano y nuestra satisfacción o descontento con estos movimientos significa algo en nuestros encuentros durante el sueño. Es importante como nos movemos a través del día, qué decimos y cómo nos relacionamos con el entorno. En definitiva, los seres espirituales con los que nos encontramos durante el sueño nos pueden ayudar con más intensidad si hemos vivido las horas diurnas de un modo saludable.

Todo esto se puede experimentar prácticamente a través de la autoobservación. Lleve un diario de su sueño y anote cómo ha pasado el día desde el punto de vista de las consideraciones mencionadas aquí.

Luego, al despertarse, tome nota de la calidad de su sueño. ¿Se despertó renovado o grogui? ¿Preparado para un nuevo día o cansado y descontento? En mi caso, he descubierto que después de un día en un avión, al volver a casa mi sueño es menos reconfortante. En cambio, si soy capaz de tener al menos una conversación real, dar un paseo por la naturaleza o incluso cuidar una planta de interior, mi sueño influye para mejor. La manera en la que pasamos el día importa desde el punto de vista del sueño y la manera en que dormimos influye en cómo nos ocupamos de nuestros hijos y creamos una comunidad en las escuelas.

El sueño también actúa como un tipo de análisis en el que se tratan los acontecimientos de la vida. Como he mencionado, el sueño tiene que digerir el día, y dados los tipos de días que tenemos algunos de nosotros, ¡a veces esto puede ser un verdadero desafío! Un ejercicio muy útil es analizar el día antes de irse a dormir, de este modo comienza el proceso. Esta «vista hacia atrás» pretende encontrar unos minutos antes de dormir para ver los acontecimientos del día en orden inverso, empezando por la noche y retrocediendo hasta las experiencias de la mañana. Conforme uno se vuelve más experto en esto, no solo puede nombrar la secuencia hacia atrás sino que también puede invertir los propios acontecimientos. Uno puede tratar de imaginarse a sí mismo andando hacia atrás o cocinando en orden inverso. Es muy difícil hacer esto, pero después de un tiempo es posible adquirir un recuerdo de la expresión utilizada en las conversaciones. Sin embargo, es importante no empezar un nuevo diálogo ni crear un nuevo material mientras se intenta este ejercicio. Simplemente analice lo que ha sucedido.

En tal caso es posible, al mirar las experiencias vitales, colocarlas de un modo más seguro en el tapiz de la biografía personal. Hace poco recibí una llamada de un amigo al que no escuchaba desde hacía muchos años. Fue maravilloso volver a hablar después de tanto tiempo. En mi análisis de esa noche fue posible ver cómo este amigo me había influido de manera que había seguido mucho tiempo después de que hubiésemos trabajado juntos. Incluso cuando se produce una experiencia desagradable durante el día, el análisis puede ayudar a resolver las cosas. Un análisis hacia atrás puede hacer que las cosas se resuelvan, crea una aceptación interior y alivia la carga para los procesos del sueño.

Esta práctica se relaciona con otro de mis ejercicios favoritos, uno que puede ser de gran ayuda para nuestras comunidades escolares de padres y maestros.

> Si logramos la evaluación de la paz interior, lo esencial se separa de lo no esencial. La tristeza y la alegría, cada pensamiento, cada decisión parecen diferentes cuando nos enfrentamos a nosotros mismos de esta manera. Es como si hubiésemos pasado todo el día en un lugar en el que miramos los objetos más pequeños desde la misma escasa distancia que los más grandes, y por la noche escalamos una colina cercana y contemplamos toda la escena de un vistazo... El valor de esta apacible autocontemplación interior depende mucho menos de lo que realmente se contempla que el hallazgo dentro nosotros mismos del poder que desarrolla esta tranquilidad interior.[24]

Si podemos vivir nuestros días con un sentido cada vez mayor de lo esencial y lo no esencial y luego, por las noches, hacemos un minucioso análisis del día, tendremos la posibilidad de trabajar desde un centro de calma interior. En lugar de correr de un lado a otro apagando el fuego y de esforzarnos por complacer y satisfacer a los que nos rodean, podemos ser nosotros mismos. Al ser fieles al Yo Interior, damos y amamos realmente más que antes.

Cuando era maestro en la escuela solía preguntarme a mí mismo por la noche cómo podría ayudar a cada niño de mi clase. Trataba de imaginarme al niño en clase o jugando, y simplemente hacer la pregunta: ¿Qué está pidiendo? Muchas veces me despertaba por la mañana con una nueva percepción o conocimiento del niño en cuestión. No era como si de buenas a primeras supiera todo lo que siempre quise saber sobre el alumno, sino que había un siguiente paso, una manera de empezar a trabajar en una nueva dirección. Por lo tanto, según mi experiencia, las inspiraciones matinales llegaban en pequeñas dosis, pero en conjunto me ayudaban a conocer el esfuerzo interior de los niños que tenía a mi cuidado.

También he descubierto que la preparación del sueño resulta útil desde el punto de vista de las relaciones con los compañeros. Cuando una relación estaba tensa, trataba de pasar unos minutos antes de dormir imaginándome a la persona en su estado ideal (momento en el que experimenté lo mejor que el maestro tenía que ofrecer). Esa imagen del «yo superior» me acompañaba después en el sueño y, con frecuencia, en los días posteriores una nueva armonía o sensación de claridad entraba en la relación. A menudo nos encontramos reforzando las polaridades involuntariamente, como cuando reaccionamos de una forma que hace que la otra persona sea aún más una caricatura de su verdadero yo. Un truco consiste en abandonar a veces la dinámica del ego a ego y, en su lugar, adoptar una ruta de indagación: ¿Quién es? Con la maduración que puede venir durante el sueño es posible ajustar el esfuerzo de la otra persona a un nivel más fundamental. ¿Qué está tratando de conseguir en esta vida? ¿Cómo puedo estar sirviendo de contraste para este desarrollo? ¿Qué estoy aprendiendo sobre mí mismo en esta interacción? ¿Cuál es mi tarea con esta persona?

Aunque nunca lleguemos a ninguna respuesta para estas preguntas, la misma pregunta facilita la situación para que el conocimiento espiritual tenga mayor posibilidad de entrar. El conocimiento es como un rayo de luz; es inmaterial y se proyecta cuando menos se espera. Sin embargo, entre los destellos hay largos periodos en los que uno tiene que seguir haciendo las preguntas. Solo se puede esperar que por lo menos estemos haciendo las preguntas adecuadas, preguntas que aren la tierra del alma, preguntas que nos mantengan vivos. Y si estamos vivos por dentro, en contacto con nuestro propio genio, podremos renovarnos por medio del sueño. Como Rudolf Steiner dice en su verso «The Holiness of Sleep» (La santidad del sueño):

Voy a dormir
hasta que despierte.
Mi alma estará en el mundo espiritual,
y se encontrará con el Ser superior
que me guía a través de la vida terrenal.
Aquel que está siempre en el mundo espiritual,
que gira en torno a mi cabeza.
Mi alma se reunirá con él,
incluso con el Genio que guía mi vida.
Y cuando me despierte de nuevo
esta reunión habrá tenido lugar.
Habré sentido el soplo de sus alas.
Las alas de mi Genio
habrán tocado mi alma.[25]

6

RELACIONARSE ENTRE SÍ

Los paisajes del alma

De la misma manera que uno puede dar un paseo por la montaña y experimentar el esplendor de una roca, un árbol y una cima, también es posible orientarse hacia el paisaje interior. Como seres humanos, despiertos en nuestros órganos sensoriales de la vista, el tacto y el oído, tendemos a experimentar el mundo de los fenómenos externos como primario, como la única realidad. Muchas situaciones y problemas se abordan desde la perspectiva de los fenómenos externos: ¿Qué dijo? ¿Cuántas personas había? ¿Cuál es el precio? Estas preguntas son válidas y necesarias para conocer el mundo, pero por naturaleza tienen un alcance limitado. En lo que respecta a los seres humanos, también hay que mirar el paisaje de la vida interior. ¿Qué está viviendo a través de sus palabras? ¿Cuál es la naturaleza de su experiencia y cómo influye en su lenguaje? ¿Quién es el que habla? Si uno es capaz de trabajar con los dos tipos de indagación, el mundo sensorial puede empezar a servir como validación de la experiencia interior, y ésta nos puede ayudar a encontrar el camino cuando el sendero exterior llegue a un callejón sin salida. Cuando una escuela u organización parece estar atascada y no puede ampliar, crear o empezar un nuevo programa, es una condición que tenga sus raíces en el mundo interior y no solo una cuestión de financiación. Como se hace referencia aquí y en otras partes de este libro, si se libera la dinámica interior se puede mitigar el bloqueo exterior. Para la renovación escolar son necesarias tanto las exploraciones internas como las externas.

Acerca de los diferentes tipos de personas

Como compañeros espirituales, somos iguales en nuestro esfuerzo. No obstante, la lucha interior de cada individuo puede ser diferente. Lo que se experimenta por dentro influye en la respuesta exterior. Es posible que una persona se centre en las palabras que se dijeron y en el compromiso con una tarea que puede o no haber, mientras que otra persona puede que experimente la lucha interior, la angustia que actuaba debajo de la superficie. Es posible que una persona quiera hacer algo inmediatamente con respecto a la situación y otra puede que sienta la necesidad de escuchar más y entablar una conversación exploratoria. En su trabajo con compañeros y padres, las respuestas de Sarah estaban basadas en su intuición. Ella respondía de manera distinta a unos y otros desde sus sentimientos intuitivos. Sin embargo, cuando se estresó y, sobre todo, cuando la escuela estuvo sin su liderazgo durante algunos meses, esta respuesta matizada fue abandonada. Por ejemplo, cuando una madre fue a hablar sobre la expulsión de un alumno, el administrador simplemente reiteró la decisión de la escuela y no dio importancia que ella estuviese pidiendo entablar una conversación, un diálogo. La madre se marchó más frustrada que antes.

La fluidez de la vida interior, mencionada anteriormente, es la capacidad de desplazarse interiormente para afrontar una determinada situación. Independientemente del género, la raza o la cultura es posible ser humano, lo cual es afrontar lo que se presenta en un abrazo respetuoso de empatía. En muchos casos, es la persona que escucha la que tiene que ejercer la mayor fluidez. Según mi experiencia, es una realidad increíble que si solo una persona practica esta apertura consciente con el alma o el paisaje interior, la otra persona es elevada a un nuevo lugar. El viaje juntos comienza con el alma. Una persona que trabaja para transformarse puede experimentar más de una realidad de la vida interior y puede viajar interiormente cuando lo necesite.

Vivir en presencia del otro

La joven madre con un niño recién nacido respira, come, duerme e incluso se desplaza en relación a la presencia omnipresente del bebé. Aunque una madre se encuentra a varias habitaciones de distancia, ella sabe que está haciendo su pequeño. No es solo cuestión de oír el llanto o estar en armonía con la respiración; la madre sabe en lo más profundo de su ser como está su hijo. Ella vive en presencia del ser que ha traído al mundo.

Otro ejemplo de la vida adulta procede de la experiencia de estar enamorado. Tanto si esto sucede en la juventud, en la edad adulta o anciana, la experiencia es arquetípica. Estar enamorado es vivir cada momento al tanto de la otra persona. Las tareas cotidianas continúan e incluso aunque a veces estén separados geográficamente, pero sienten la presencia del otro, una brisa suave a través de todos los acontecimientos diarios. Lo que uno hace que tenga relevancia desde el punto de vista de un enamorado; cada decisión y experiencia está íntimamente relacionado. Incluso cuando uno no es consciente de la otra persona, existe una circulación, un movimiento y una respiración de la vida que es diferente debido a la plenitud del corazón. Sobre todo en los momentos de transición de la conciencia, al despertar y al dormirse, uno puede experimentar «que está con» el otro.

Desde el punto de vista de la estructura social de nuestras escuelas, es posible cultivar la vida interior para que, cuando sea necesario, pueda lograrse la misma «presencia», una cierta sintonía con un niño, un compañero o un padre. Esto puede hacerse de varias maneras, aquí están algunas sugerencias:

- Prestar atención. El primer paso puede ser simplemente observar, viendo y escuchando con más intensidad. Entrar puede ser como dar a luz a un bebé, ya que se ofrece un espacio al otro en el que se puede estar. Deje que la persona simplemente «esté» en esta etapa. No trate de intervenir. De hecho, introducirse en una situación puede cerrar el proceso y frustrar lo que se pretende en este ejercicio.

- Convivir. Esto significa recorrer juntos el camino. ¡Solo piense en las muchas horas que una madre pasa con su recién nacido! Vivir con el otro exige que, a veces, el pensamiento, el lado analítico de la naturaleza humana guarde silencio durante un rato. Solo experimente, preste atención y disfrute el misterio de la otra persona.
- Dejar ir. Tenemos la tendencia de obsesionarnos con una pregunta, un problema o una persona y nos vemos tan envueltos en ello que no nos podemos mover más. Esta obsesión es como una llave estranguladora; el aire deja de fluir. En su lugar, suéltelo. Aléjese de la situación, pregunta o desafío. Esto tiene un efecto liberador.
- Por último, volver a participar con amor. Se puede encontrar una nueva conexión al regresar a la persona. Esa conexión, que no exige sino que ofrece, tiende a abrir los ojos del paisaje interior. El mejor vehículo para acceder es la práctica del amor, no el «estar enamorado» descrito anteriormente, sino el ejercicio de amor por el bien de la persona de la que se trata. Incluso puede dirigirse de esta forma a una persona difícil. No todo el mundo es amable, pero todos responden finalmente al amor desinteresado y la compasión.

Cuando uno es capaz de ejercer esta nueva facultad, es posible leer el paisaje interior de uno mismo y de los demás como si se leyese un libro. Los colores y los contornos de este paisaje pueden ser valiosos más allá de las expectativas, sobre todo si uno tiene el carácter y la situación interior para cumplir con lo que se pone de manifiesto.

Estar solo o acompañado

En *Return of the Prodigal Son* (publicado en español como «El regreso del hijo pródigo»), Henri Nouwen describe un aspecto de la vida que podría dirigirse directamente a Sarah y a sus colegas de la Escuela Waldorf Morning Glory:

> Atrapado en este enredo de necesidades y deseos, ya ni siquiera conozco mis propias motivaciones. Me siento víctima de mi entorno y desconfío de lo que los demás están haciendo o diciendo.

Siempre en guardia, pierdo mi libertad interior y empiezo a dividir el mundo en los que están conmigo y en los que están contra mí. Me pregunto si en realidad le importo a alguien. Comienzo a buscar confirmaciones de mi falta de confianza. Y dondequiera que vaya, las veo y digo: «No se puede confiar en nadie». Y entonces me pregunto si alguna vez alguien me quiso de verdad. El mundo que me rodea se vuelve oscuro. Mi corazón se torna pesado. Mi cuerpo está lleno de tristeza. Mi vida pierde sentido. Me he convertido en un alma perdida.[26]

Optar por trabajar en uno mismo y encontrar el equilibrio entre estar con los demás y estar solo es parte de la euforia del cambio personal, como expone Rosabeth Kanter en el capítulo cuatro de este texto. Sin embargo, hoy en día muchas personas son como el hijo pródigo, ya que se desconectan de lo que da vida y sustento (concretamente, la familia, los amigos y la comunidad) a través de una elección no consciente. La condición de estar solo es sobre todo una situación moderna. La herencia, la tradición familiar y las fiestas comunitarias son rituales menores en nuestro mundo actual. Hemos logrado una libertad enorme pero ha llegado con la posibilidad de estar solos, como nunca antes. En la actualidad debemos buscar conscientemente, cultivar y mantener todo aquello que tengamos en común.

Otra forma de ver este dilema es desde el punto de vista del aislamiento impuesto por el funcionamiento cotidiano de la vida y el trabajo, en el que podemos encontrarnos atrapados en una competencia feroz e impersonal de trabajo ajetreado e interminable. Warren Bennis lo describe de esta forma: «El trabajo rutinario elimina todas las tareas que no son rutinarias y extingue la planificación creativa, cualquier cambio fundamental».[27] La línea de montaje de la vida nos puede poner en una relación de los acontecimientos diarios que limita la expresión creativa, la iniciativa y la creación de lazos comunitarios. Este aislamiento afecta a la renovación escolar porque las escuelas se basan precisamente en el principio comunitario. Si nos remontamos a John Dewey, Leo Tolstoy o Friedrich Froebel, encontramos que las escuelas siempre se han preocupado por experimentar el aprendizaje en el contexto con los compañeros, con el fin de prepararse para las necesidades sociales de nuestra época. Con frecuencia se ha visto a las escuelas como laboratorios de democracia. El plan de estudios social (aprender a entenderse) es un objetivo importante en la mayoría de las aulas.

Si colocamos al adulto moderno, el cual se siente solo y aislado, en un escenario llamado «escuela» en el que la creación de lazos comunitarios es esencial, nos enfrentaremos a una interesante yuxtaposición. La naturaleza misma de una escuela requiere lo que puede ser más difícil para los adultos de hoy. A menudo somos arrojados a estructuras sociales que parecen desafiarnos, confundirnos y crear una frustración incalculable cuando las cosas no van bien. Entonces surge la pregunta, ¿cómo puede el individuo, autónomo y libre, unirse a los demás para crear nuevas experiencias comunitarias alrededor de nuestras escuelas? Existen muchas formas de enfocar este tema y, a decir verdad, la mayoría de los capítulos de este libro pueden verse como una respuesta a esta pregunta. Sin embargo, para esta sección me gustaría considerar el punto de vista de dos cualidades humanas que influyen de manera considerable en la vida en grupo, concretamente, la simpatía y la antipatía.

Antipatía

Puede que parezca que esta palabra tiene solamente connotaciones negativas, pero como expresión de la vida interior, quiero describir la antipatía de un modo que pueda ampliar los temas planteados en este capítulo. La antipatía puede describirse como una cualidad interna que ayuda a diferenciar entre el «yo» y el entorno. En lugar de unificar todo, utilizamos la antipatía para sostener objetos a distancia y verlos con más claridad. Al separarnos del entorno de esta manera, nuestro yo o individualidad es capaz de experimentarse como algo diferente. De este modo, mediante la antipatía somos capaces de despertar al «yo», recopilar y dar sentido a las experiencias, y relacionarlas con los problemas personales y fundamentales. Si se lleva al extremo, la antipatía puede dar lugar a aislarse, apartarse o retirarse de los demás.

Simpatía

Por el contrario, la simpatía puede describirse como una cualidad interna que nos ayuda a fusionarnos con los demás y con el entorno. Al conectar con simpatía con lo que nos rodea, perdemos la inseguridad en relación a los demás. Enpatizamos, conectamos y «convivimos» en la medida en que somos capaces de involucrarnos en las experiencias del otro y olvidarnos del yo. Las personas con fuerzas compasivas fuertes suelen verse como socialmente hábiles. Espiritualmente, esta habilidad para extenderse a sí mismo en el otro puede convertirse en una capacidad para conectar con lo divino.

La simpatía y la antipatía están constantemente en juego dentro de los grupos. Hay veces en las que uno escucha una opinión generosa y de compasión que traen a primer plano las fuerzas de simpatía y el grupo siente una mezcla de diferentes opiniones, un consenso del corazón. Pero también hay veces en las que la necesidad de distinguir, examinar y explorar opciones requiere fuerzas de antipatía, que son igual de necesarias. La simpatía puede nublar la vista y aclararse a través de una antipatía saludable. Cuando la simpatía predomina con demasiada fuerza existe la tendencia de comenzar a asfixiar las identidades individuales de los miembros de un grupo. El aire se vuelve sofocante y cuesta trabajo respirar debido a todo el calor. El pensamiento puede ser reprimido y se hace cada vez más difícil para cualquiera que plantee una cuestión u objeción que pueda destruir la «sopa solidaria» de conformidad. Asimismo, cuando la antipatía crece demasiado fuerte en un grupo, un frío se inserta dentro. De repente, todo se pone en tela de juicio y el grupo se convierte en una colección de individuos independientes. Las explicaciones son continuamente necesarias; el acuerdo suele ser condicional y transitorio. Puede perderse la sensación de «conjunto».

Por supuesto, el truco consiste en permitir una alternancia entre la simpatía y la antipatía, la expansión y la contracción. Una vez más, el lenguaje es de gran ayuda, ya que el modo de expresar las preguntas u observaciones influirá en el tono del grupo desde el punto de vista de como vemos el clima. Por ejemplo, si se empieza cada aportación con «estoy de acuerdo con esto y lo otro», entonces la cultura del lenguaje puede inclinar la balanza hacia la simpatía. No obstante, si se utilizan frases como «en realidad, lo que quería decir era» o «a decir verdad, creo que deberíamos», entonces las fuerzas de antipatía crecen. Un buen facilitador percibirá el clima espiritual del grupo y el lenguaje utilizado e intentará reorientar y equilibrar la conversación. Solo se necesita una persona (el facilitador u otra persona) para restablecer el equilibrio.

¿Por qué es tan importante el equilibrio para el trabajo en grupo? Por una parte, si se usa demasiado una forma de expresión u otra, los que están viviendo interiormente en el contragesto se callarán. Este es un aspecto crucial del trabajo en grupo en las escuelas. Si una persona se calla reiteradamente se produce un tipo de represión sutil que puede provocar una conducta antisocial durante un tiempo. Por ejemplo, cuando el énfasis en un acuerdo es demasiado fuerte, es muy difícil que un padre o maestro participe con preguntas o sugerencias. No obstante, participar es una necesidad humana. La participación en una comunidad escolar es tan vital como la respiración para el cuerpo humano. Solo se puede suspender la respiración o la participación mucho antes de que se establezcan las fuerzas de la muerte. Cada adulto de una comunidad es responsable de luchar por la salud, que en la vida grupal es sinónimo de participación.

Creo que podemos hacer aún más, ya que podemos asumir la responsabilidad de nuestros propios sentimientos en lugar de proyectarlos sobre el grupo. Hace tiempo tuve una mañana difícil. El teléfono sonó justo cuando estaba saliendo por la puerta. Luego, en la gasolinera, estacioné en el lado equivocado del surtidor y me di cuenta una vez que había apagado el motor y estaba buscando mi tarjeta de crédito. El primer correo electrónico que leí era de alguien haciéndome una pregunta que se podría haber contestado fácilmente en otro lugar. Las cosas siguieron de esta manera. Cuando entré en la reunión del departamento estaba de mal humor. Sentía un gran deseo de descargar mi mal humor con los demás. Por suerte, la reunión comenzó con diferentes puntos desenfadados y, en el momento que empecé a participar, me había desprendido de mis sentimientos de frustración y fui capaz de estar ahí para el grupo. Dudo que alguno de mis colegas se viese afectado por mi mal humor.

No siempre tenemos tanta suerte. Dejar a un lado los sentimientos, o por lo menos asumir la responsabilidad, no siempre es fácil. Y las cosas se complican cuando se entra en la telaraña de la interacción humana porque cada hilo que tejemos provoca reacciones de los demás, a las que luego nos sentimos obligados a responder. Una herramienta que encuentro muy valiosa es separar la evaluación de la observación. He aquí un ejemplo de la diferencia: «Los informes de quinto grado no se han enviado a los padres» (observación). «El maestro de quinto grado no redacta su informe a tiempo» (evaluación). Estas declaraciones pueden no ser ciertas. La pregunta es: ¿Qué modo de expresión es más útil? Por lo general, he descubierto que observar una y otra vez, desde diferentes puntos de vista, ayuda a construir un puente entre las personas y las realidades de la vida, mientras que la evaluación necesita una total aprobación por adelantado, es decir, debemos aceptar que este es un momento evaluativo antes de dar ese paso. Para aquellos lectores que estén interesados en adentrarse en el tema del lenguaje, les sugiero *«Comunicación no violenta: un lenguaje de vida»* de Marshall B. Rosenberg.

Lo que me fascina es que, con mucha frecuencia, los valores que llevamos al aula no se transmiten en las interacciones adultas ni dentro ni alrededor de nuestras escuelas. Un buen maestro se esfuerza por el crecimiento y el aprendizaje participativo de todos sus alumnos, pero en las relaciones entre compañeros solemos observar lo contrario. El acuerdo se convierte en el objetivo; la participación es un inconveniente necesario. A veces, el mensaje tácito es «si todos estuviesen de acuerdo conmigo podríamos irnos a casa y seguir con nuestra preparación». Puesto que la mayoría de las personas quieren acceder sin levantar ampollas, muchos se cierran y van tranquilamente solo para interiorizar lo que debería haberse trabajado con el grupo. A lo largo del tiempo, este cierre constante conduce al fenómeno de Sarah (el estrés se convierte en agotamiento).

Miremos cada grupo como una oportunidad, una posibilidad de trabajar con el potencial humano que nos ofrece. Cuando hay espacio no solo para la simpatía y la antipatía, sino también para todos los demás gestos interiores conocidos por el esfuerzo humano, los grupos se convierten en semilleros emocionantes para un nuevo crecimiento. Los grupos de éxito suelen considerarse unos privilegiados por haber prestado un servicio. Aunque puede que trabajen durante horas en representación de la escuela, acabarán su tarea agradeciéndole a ésta la oportunidad de participar. Prestar servicio en una escuela no es sinónimo de agotamiento. También puede tener el efecto contrario; puede enriquecer el crecimiento personal de los miembros y darles lo que no podrían haber encontrado en otro lugar. Los grupos son lugares fascinantes para estar. Cuando se facilitan correctamente proporcionan un rico entramado de júbilo, estímulo y descubrimiento. Veamos nuestro trabajo de grupo en las escuelas como unas interesantes oportunidades para la exploración más que como una tarea obligatoria.

Cuando los padres y maestros están contentos con sus interacciones, los niños lo saben. Ellos nos ven como modelos a seguir para su futura vida social. Los niños quieren ver el mundo como bueno, bello y verdadero. Miran a los adultos para confirmar este punto de vista. Están eternamente ilusionados y expectantes. Aun cuando nosotros, como padres y maestros, no estamos a la altura, nuestros hijos nos apoyan, nos animan y quieren que lo volvamos a intentar. Al igual que en *The Parent Trap* (*Juego de gemelas* en Hispanoamérica o *Tú a Londres y yo a California* en España), la película sobre dos niñas que conspiran para reconciliar a sus padres divorciados, los hijos anhelan experimentar la curación en las relaciones sociales. Las escuelas son unas excelentes oportunidades para proporcionar un modelo para la vida comunitaria.

Quiero concluir este capítulo con algunas de mis citas favoritas de Margaret Wheatly sobre la importancia de la interacción humana dentro de los grupos:

> Las densas redes de un sistema se desarrollan cuando los individuos exploran sus necesidades de estar juntos. Las exploraciones son confusas, no se puede predecir las formas que toman. Las

relaciones se alargan cuando los individuos deambulan, negocian y descubren las conexiones vitales de su trabajo. De esta forma, las personas crean las estructuras para llevar a cabo la labor de la organización... Las formas de la organización son testigo de como las personas experimentan entre sí. En las organizaciones llenas de temor siguen materializándose estructuras impenetrables. Las personas se consideran peligrosas, necesitan estar separadas las unas de las otras. Pero en un sistema de confianza las personas tienen libertad para crear las relaciones que necesitan. La confianza permite que el sistema se abra. Éste se amplia para incluir a los que se habían excluido. Adquieren importancia más conversaciones y más puntos de vista diferentes y divergentes. Las personas deciden trabajar con aquellos a quienes habían dejado aparte.[28]

Wheatley continúa diciendo: «Nuestra gama de expresión creativa aumenta cuando nos unimos a otros. Las nuevas relaciones crean nuevas capacidades». Y, por último, añade: «Cuando los seres vivos se vinculan, forman sistemas que generan más posibilidades, más libertad para los individuos».[29] Nosotros cerramos el círculo. Del individuo aislado a la dinámica de la participación en grupo encontramos que, al fin y al cabo, nuestra vida social realza la libertad humana y genera las capacidades necesarias para la renovación escolar.

Mentorización y evaluación

Érase una vez un héroe griego, Ulises, se que destacó en la batalla de Troya y fue amado por muchos, pero por ofender a Poseidón, el dios del mar, se le impidió regresar a casa. Durante muchos años, Ulises navegó alrededor del mundo, cautivo por fuerzas mayores que él mismo. Ante la imposibilidad de volver sano a casa, Ulises navegó por bajíos y a contracorriente de los procesos espirituales desde la tierra de los burdos Cíclopes hasta las islas de la hechicera Circe y el paso entre Escila y Caribdis. Estas imágenes externas hablan de la misión esencial de Ulises, la búsqueda del alma:

> ¡Canta en mí, Musa! Canta la historia del hombre, del habilidoso héroe, destructor de las torres sagradas de Troya, canta todo lo

que sufrió, las ciudades que vio, los hombres y caminos que allí descubrió, tanto tiempo golpeado en el mar, soportando todo en su corazón, tratando de salvar su propia alma y consiguiendo su patria para sus compañeros.[30]

La búsqueda del alma que hizo mientras luchaba con los dioses es la lucha para conectar lo divino en el ser humano con el mundo y sus realidades externas. Mientras tanto, la mujer de Ulises, Penélope, y su hijo, Telémaco, esperaban en casa. ¿Qué es casa? Me he movido lo suficiente para saber el valor de un lugar que es conocido, seguro, reconfortante y apetecible. Cuando estoy en casa soy totalmente yo mismo; el «yo» exterior e interior se corresponden más estrechamente. Se podría decir que Ulises fue sometido tanto a maltrato físico como a espiritual al no permitírsele volver a casa.

Una vez que hayamos hecho el viaje desde nuestro trabajo interior hasta las dinámicas de grupo, pasaremos al ámbito práctico de la clase. Si «casa» es una condición de la vida interior, ¿cómo se podría aplicar a la enseñanza? Puesto que observo cada año a muchos maestros, normalmente puedo decir en cuestión de unos minutos cuando visito una clase si el maestro se encuentra en «casa» o no. Puedo sentir de inmediato cuando hay armonía, seguridad, enfoque y naturalidad. Asimismo, no importa lo bien que se prepare, el maestro que no está «presente» estará en desequilibrio constantemente, se tambaleará hacia atrás y hacia delante y tendrá una clase agitada. Sin embargo, no solo se trata de confianza y enfoque. La vuelta a casa es un viaje espiritual que un buen maestro practica a diario. Al prepararnos para impartir una clase, nos aventuramos y exploramos un nuevo territorio, pero luego debemos regresar en poco tiempo al lugar de origen para volver a empezar cuando compartimos con los alumnos. Cuanto mayor sea la acogida de este viaje espiral, mayor será la posibilidad de que el maestro esté vivo para la materia. Algunas veces los maestros necesitan ayuda para encontrar sus voces, sus centros y sus senderos espirales de regreso a casa con cada materia. Esta ayuda puede tomar una variedad de formas.

Según la mitología griega, Méntor es amigo de Ulises, consejero de Penélope y tutor de Telémaco. Méntor está dispuesto a quedarse en Ítaca para ayudar a Penélope mientras Ulises está fuera. Cuando la diosa Atenea quiere acompañar a Telémaco en su viaje a Esparta para buscar a su padre, ella asume la forma del sabio Méntor. Ella simboliza la sabiduría, la mejor forma de abrir los secretos del alma. Y, de nuevo, bajo el disfraz de Méntor, Atenea aconseja a los parientes enfadados de los pretendientes asesinados que acepten lo inevitable y eviten la guerra civil en Ítaca. Incluso convierte a un hombre en mendigo, despojándole de todo lo que es transitorio en su origen.

En el viaje de regreso a casa del maestro, el mentor puede ser el amigo, el consejero y el tutor que proporciona la sabiduría a Atenea. Estas imágenes mitológicas de la Odisea proporcionan conocimientos en dos niveles. En primer lugar, un mentor puede tener varios papeles. Al igual que Atenea con sus diferentes disfraces, un mentor debe ser más de una persona, ya que las distintas personas tienen distintas necesidades. Por un lado, puede que sea necesario ayudar a conectar con otras personas; por otro, podría ser un diálogo confidencial, como ocurre en la facilitación. Por otra parte, puede que el mentor comparta conocimientos y ayude a desarrollar nuevas habilidades. Por lo tanto, un verdadero mentor necesita flexibilidad.

Existe otro aspecto de la mentorización. La imagen de Atenea, la diosa de la sabiduría resplandeciente que vive en la forma de Méntor, habla de una cualidad especial de mentorización. El servicio prestado por un mentor es más de lo que parece; sucede algo más grande que la propia mentorización si uno es como un recipiente de conciencia para este trabajo. Un conocimiento compartido en la mentorización es como un rayo de luz para Atenea, puede ser decisivo y cambiar el curso de los acontecimientos. Un mentor puede preguntar: ¿Qué puedo obtener con el fin de servir?

Esta pregunta, así como todo el tema de la mentorización y la evaluación en las escuelas, será el centro de esta sección La renovación en las escuelas depende siempre de la fuerza, la vitalidad y el éxito de los maestros en el aula. La mentorización puede mejorar la práctica de forma regular; la evaluación puede resaltar las áreas específicas que necesitan una mejora o ayudar al maestro a hacer la transición hasta la profesión si no se producen los cambios necesarios en un tiempo razonable. Como vimos en el tercer capítulo por medio de la historia del maestro que no recibió la mentorización necesaria, una buena mentorización puede marcar la diferencia entre el éxito y el fracaso de un maestro nuevo. Los que han recibido una buena mentorización describen al mentor como una persona que aportaba conocimiento y experiencia de la vida, que era capaz de reflexionar, que veía el potencial del nuevo maestro. El mentor respetaba al nuevo maestro y podía trabajar con confianza, era bueno para escuchar y hacía las preguntas adecuadas, daba ejemplo, ponía un interés especial, prestaba atención y reconocía las cosas, era afectuoso y generoso de espíritu. Estas y otras cualidades son un regalo no solo para la enseñanza sino también para las necesidades de la vida.

Dar y retener

En la mentorización, el aspecto de dar puede ser sencillo, ya que la mayoría de los maestros están dispuestos a compartir materiales, tiempo y simpatía. Solamente el hecho de que alguien esté dispuesto a pasar una hora a la semana hablando es algo maravilloso. El aspecto de retener requiere un conocimiento más sofisticado de las exigencias de la disciplina interna, por lo que retenido en el tiempo y soltado de manera apropiada en el transcurso de éste, puede llegar a estar más centrado y por lo tanto más fuerte. Por ejemplo, la homeopatía utiliza un extracto de sustancias vegetales o minerales para curar. De este modo, una pequeña cantidad de la medicina adecuada puede curar todo el organismo. En la práctica, esto significa que el mentor debe observar plenamente, sin tratar de nombrar inmediatamente lo que observa. Si en lugar de dejar que las ideas preconcebidas interfieran, el mentor es capaz de permitir que los fenómenos se entiendan, éstos empezarán a expresarse. El mentor también puede observar sus reacciones a los fenómenos, y también informará de ellos. Si uno es capaz de abstenerse de dar un consejo inmediatamente y en su lugar mantiene un espacio abierto, es posible que las inspiraciones e intuiciones comiencen a trabajar. De hecho, se podría decir que cuanto más se sabe, más deberá retenerse el mentor. Incluso el comportamiento de una actitud de escucha puede respaldar unas prácticas reflexivas dentro de una escuela. Retener y esperar el momento adecuado para compartir mejora la calidad de todo el intercambio. Naturalmente, estoy hablando de horas y días; ¡no abogo por retener durante meses lo que debe ser compartido! A decir verdad, externamente puede que el mundo ni siquiera tenga un indicio de retener, pero en un mentor la actitud de observar sin nombrar puede ser una instrucción interior que invita a conocimientos atenienses.

Mi experiencia me dice que los mentores tienen que ayudar a los compañeros a diferenciar entre lo personal y lo profesional. Las recomendaciones profesionales suelen tomarse de manera personal. Vivimos en una época en la que todo es relativo y sujeto a los sentimientos del momento. Para algunos es difícil ver que una sugerencia para la enseñanza no es un signo de fracaso personal. Por ejemplo, el consejo de que una clase trabajaría más centrada si la habitación estuviese ordenada no significa que el maestro sea desordenado, poco organizado y ¡mucho menos inadecuado! No obstante, es posible que una reacción muy personal oculte la misma observación, que pretendía ser un consejo útil. En algunos casos, la conversación se desvía hacia el terreno de «qué quise decir» y «qué oí» en lugar de quedarse con el hecho objetivo de que algunos niños tienen dificultades para concentrarse en la tarea.

A la hora de ayudar a separar lo personal y lo profesional, es bueno para el mentor distinguir la observación de la evaluación. Por ejemplo, en vez de decir «esta clase está abarrotada», que es tanto una observación como una evaluación, sería mejor decir simplemente «hay muchas cosas en las paredes, algunas cubren a otras y las estanterías están tan llenas que las cosas se caen durante la clase». Las observaciones concretas permiten que el receptor se conecte al nivel de los fenómenos en lugar de interiorizarlos de inmediato mediante la autocondena. Esto no significa que un mentor no pueda compartir sentimientos o respuestas personales, pero esto se puede hacer de un modo no acusatorio. En la observación de las paredes y las estanterías, un mentor podría añadir: «Todo esto me hace sentir distraído e inseguro». Si se comparten respuestas personales como observaciones, se retiene la cualidad de ver juntos el problema.

En particular, los juicios son duras piedras que, si es posible, no deberían volver a arrojarse al maestro. Lo ideal es que, después de ver los fenómenos, surgiesen los juicios en cada persona como un producto del procesamiento interno. Cuando se imponen desde el exterior son difíciles de asimilar. Hay ciertas palabras que un mentor puede tener especialmente en cuenta, ya que tienden a expresar una cualidad crítica (siempre, cuando sea, nunca, deber, etc.). En las llamadas de teléfono que he recibido de maestros desconsolados sufriendo por lo que se percibía como una arremetida de juicios, ellos suelen utilizar frases del tipo «dijo que yo era demasiado tal y tal» o «me dijo que no había suficiente tal y tal». Estas frases y evaluaciones provocan un bloqueo emocional que dificultan el cambio que el mentor espera fomentar. El mundo se divide en aquellos que se ayudan (ven a uno como realmente es) frente a aquellos que no lo hacen (son severos y juzgan). Los directores y los «expertos» autoproclamados que pueden hablar mejor que enseñar harían bien en reflexionar sobre Mateo 7:1-2: «No juzguen a nadie, para que nadie los juzgue a ustedes. Porque tal como juzguen se les juzgará». Una manera de mejorar la mentorización escolar es desarrollar una mayor facilidad a la hora de dar y recibir sus observaciones. Doy algunos consejos.

Ideas a tener en cuenta al realizar sus observaciones

- Organice sus observaciones para ayudar a la otra persona, a su relación laboral y al equipo. Evite la tentación de aliviar su frustración o enfado desahogándose o vengándose.
- Céntrese en el comportamiento de la otra persona (la conducta que puede ver u oír). No haga conjeturas sobre las actitudes, los sentimientos y las intenciones de la otra persona.
- Cite acciones específicas. Absténgase de observaciones y generalizaciones abstractas.

- Utilice un lenguaje sencillo y concreto. Evite las explicaciones excesivamente complicadas y demasiado argot.
- Utilice ejemplos recientes. No cite acontecimientos o conductas que tuviesen lugar semanas o meses pasados.
- Sea conciso. Evite las introducciones largas y los razonamientos mal construidos.
- Sea descriptivo (enuncie qué vio, qué oyó) Absténgase de un lenguaje crítico, de suposiciones, de dar su opinión o de interpretar el comportamiento de los demás.
- Utilice un lenguaje objetivo. Evite palabras, frases y señales no verbales que sean «provocadoras».
- Informe del impacto en usted y/o en el equipo sobre lo que vio y oyó. Evite utilizar un lenguaje y unas señales no verbales que tiendan a causar una actitud defensiva o una culpabilidad.
- Escoja el momento y el lugar adecuado. No haga divulgaciones pública (excepto en el entorno del equipo) y asegúrese de que tiene suficiente tiempo para hacerlo bien y de que es un buen momento para la otra persona.
- Lleve un control de sus observaciones. Procure no saturar a la otra persona.
- Involucre a la otra persona en la conversación sobre las observaciones. Compruebe que lo que la otra persona ha entendido es lo que usted ha intentado expresar. Explore las similitudes y las diferencias en las percepciones. Pregunte qué puede hacer para ayudar y haga sugerencias sobre lo que se podría hacer a continuación. Absténgase de suponer que una vez que ha dado sus observaciones ha terminado con su tarea.

Ideas a tener en cuenta al recibir sus observaciones

- Pida observaciones siempre que piense que podrían ser valiosas para mejorar su eficacia personal o aportación al equipo. Evite el supuesto de que si no se ofrecen unas observaciones sea porque todo está bien o no se puede mejorar.

- Sea específico sobre la acción para la que desea recibir las observaciones. Evite invitar a generalizaciones sobre su comportamiento o aportación global.
- Prepárese para escuchar y asimilar la información. Absténgase de hacer las cosas por inercia o de decir sí cuando quiere decir no acerca del lugar, la fecha, el tiempo del que dispone, etc.
- Escuche tan abiertamente como pueda (al 125% si puede). Evite sentimientos y comportamientos que sean defensivos.
- Busque ejemplos concretos, específicos y descriptivos de su comportamiento. No participe en abstracciones, eufemismos ni generalizaciones.
- Haga preguntas aclaratorias. Trate de no discutir con las percepciones de lo que vio y oyó de la otra persona, pero asegúrese de aclarar la imprecisión, las abstracciones o las ambigüedades.
- Explore el impacto en la otra persona o en el equipo de lo que hizo o dijo. Evite el supuesto de que sabe cuáles son los efectos sobre los demás.
- Resuma lo que ha entendido acerca de lo que se dijo. Absténgase de pensar que lo que escuchó fue lo que se quiso decir. Compruébelo.
- Limite la cantidad de observaciones que le ofrecen. No permita estar saturado con demasiada información o demasiados temas. Dígale a la otra persona: «es suficiente por ahora».
- Involucre a la otra persona en una conversación que explore lo que podría hacer para mejorar su eficacia personal, mejorar la relación, contribuir al equipo, etc.
- Pida lo que necesita a los demás para apoyar los cambios que podría intentar. Trate de no ver la situación solamente como su problema o asunto.
- Siga centrándose en las observaciones para usted. Evite ver el momento como una oportunidad para realizar unas observaciones de la otra persona sobre algo que usted ha estado albergando.[31]

Ya sea en la educación Waldorf o en las escuelas públicas, la mentorización debe verse como una formación permanente, un proceso que se lleva a cabo a través de lo que se puso en marcha en los programas de certificación de docentes. Cuando la relación con el mentor es eficaz estimula tanto el desarrollo personal como el crecimiento profesional. En mi opinión, cada maestro y administrador merece y necesita un mentor, alguien que se dedique a la mejora de las prácticas escolares. Para tal fin es esencial que el mentor visite la clase y observe al maestro con los niños. Estas visitas, si son continuas y no solo en tiempos de crisis, pueden convertirse en el material con el que puede surgir la introspección y el crecimiento.

En las conversaciones sobre mentorización es necesario un clima de aprendizaje mutuo y un compañerismo. Desde luego, esto significa que las conversaciones son confidenciales. Algo que socava muchísimo la relación con el mentor es que a éste se le pida de repente que presente un informe a otro grupo o que escriba una evaluación. Si es necesario un informe verbal, lo mejor es que los dos miembros de la relación de mentorización asistan a la reunión; si es necesario redactar un informe, puede hacerse de forma conjunta. La mentorización y la evaluación deberían ser, fundamentalmente, actividades independientes pero que al mismo tiempo se apoyen la una a la otra.

El propósito de la evaluación es tomar una instantánea de la labor del maestro en un momento dado. Esto puede proporcionar una visión objetiva de lo que está sucediendo en la clase basándose en unos criterios profesionales convenidos. Es posible que un evaluador examine el contenido de una lección y si es apropiada para la edad, la gestión de la clase, el arte de la enseñanza, el trabajo de los alumnos como un reflejo de las expectativas del maestro, etc. Las evaluaciones regulares son una herramienta profesional imprescindible. Si una evaluación plantea cuestiones que requieren atención, éstas pueden compartirse con el maestro, quien, a su vez, puede llevarlas a su mentor para seguir trabajándolas. Es muy útil configurar un plan de desarrollo profesional para atender las necesidades, establecer un calendario de trabajo y hacer un informe de seguimiento. Si este proceso no se lleva a cabo de manera clara y definida, un maestro puede vivir durante meses bajo la nube confusa de inquietud e incluso no saber si el proceso ha concluido.

Esto socava la confianza e influye en la alegría y el entusiasmo que una persona necesita para enseñar.

En mis visitas a más de un centenar de escuelas públicas e independientes durante los tres últimos años, me ha sorprendido gratamente ver que la mentorización de nuevos maestros ha mejorado de manera notable. Aunque aún es necesario un mayor desarrollo de aptitudes, parece que ahora la mayoría de las escuelas lo toman en serio la mentorización, sobre todo para los nuevos maestros. Esta aceptación no siempre se produce con la evaluación, especialmente cuando concierne al personal administrativo o a los maestros con mucha experiencia. Los problemas más complejos en las escuelas aparecen cuando un maestro veterano comienza a flaquear o simplemente no tiene mucha «energía». Este maestro es un miembro respetado de la comunidad escolar; incluso puede que tenga un puesto de responsabilidad en la escuela, pero durante algún tiempo no ha crecido profesionalmente. Este problema con los maestros y los administradores es muy importante tanto en las escuelas Waldorf como en otras que practican la gestión basada en el sitio, es decir, el maestro veterano que presta mucha atención al trabajo administrativo y le queda poca «energía» para los niños. Los roles deben cambiarse periódicamente y los compañeros y padres necesitan el valor de hablar cuando se desatiende benévolamente a los niños.

A veces una escuela llega a ser como una gran familia, con todos sus beneficios y algunas de sus desventajas. Una de las dificultades a la hora de trabajar con la evaluación en un sistema familiar de este tipo es que los problemas de un maestro están incrustados en la misma estructura de la escuela. Esto significa que la contratación de especialistas puede acrecentar la deficiencia. He llegado a ver comités y estructuras creadas alrededor del problema de un maestro. Con el tiempo se puede formar una especie de dependencia mutua fuera de las estrechas relaciones de trabajo, lo que dificulta la evolución objetiva dentro del sistema. Por esta razón, recomiendo con creces que todas las escuelas efectúen una evaluación entre iguales con evaluadores externos. Para un compañero es difícil salir de la dinámica familiar y exponerse a la ira de un colega por mencionar un problema. Un evaluador o evaluadores externos pueden crear conciencia mejor y, con mayor frecuencia, se les presta más atención.

Por último, existen varios aspectos de nuestro trabajo en las escuelas que se aplican tanto a la mentorización como a la evaluación.

- Las observaciones no son suficientes. Mi hijo tuvo una vez un maestro que pasó todas las evaluaciones y observaciones, y el papeleo resultante no documentó ninguna preocupación grave. Sin embargo, cuando el observador no estaba en clase las cosas distaban mucho de ser satisfactorias. Al final los padres de esta clase Waldorf exigieron un cambio de maestro bajo la amenaza de marcharse en masa, y no se volvió a contratar al maestro. Las evaluaciones deben incluir entrevistas con los padres, charlas con el personal administrativo y visitas sin previo aviso.
- El mentor o evaluador debe tener una gran formación para ver más allá de lo que se ve a simple vista. Es de gran utilidad ponerse las «gafas» para ver la lección desde perspectivas diferentes. Por ejemplo, puede verse toda la mañana desde las perspectivas de la simpatía y la antipatía, o desde lo auditivo frente a lo visual, o podría centrarse en la iniciativa: ¿Es el maestro el que inicia todo o hace que los niños tengan apoyo para la iniciativa? ¿Es la enseñanza concreta o abstracta? ¿Quién está trabajando en cada parte de la lección? ¿El maestro está haciendo todo o se espera que los niños participen? Se podría ver la mañana desde el punto de vista de las transiciones. ¿Cómo se ha trabajado con las preguntas? ¿Quién participa y cuándo? Un entrenamiento maravilloso para el observador es tomar un tema y usarlo en las distintas clases. De este modo, la mentorización y la evaluación pueden convertirse en una investigación en la acción.
- Tenga en cuenta que es posible que el maestro comparta una cuestión presente para pedir ayuda. Pero puede que esta cuestión esconda una cuestión central que debe destaparse. Solemos ver los síntomas con mayor facilidad que encontrar las causas. La mentorización ayuda a que las escuelas indaguen con mayor profundidad.

- El mentor o evaluador ha de recordar que todos tenemos formas preferidas de ver el mundo y que la autoconciencia nos ayuda a superar los prejuicios. A menudo, es bueno consultarse a sí mismo: ¿Estoy formulando una suposición de esta lección? ¿Están influyendo mis preferencias en lo que estoy viendo? ¿Hay cosas que admiro más que otros y, en tal caso, influyen en mis recomendaciones?
- ¿Hay cuestiones aquí que van más allá de un maestro en particular, cuestiones que deberían ser abordadas por toda la escuela? De ser así, ¿cómo puede el mentor sacar adelante esta cuestión con el fin de apoyar el ambiente global de aprendizaje de la escuela?
- El mentor y el evaluador deben conocer la diferencia entre desarrollo profesional y formación básica del docente. Hay ocasiones en las que uno tiene que recomendar un maestro a otros, en lugar de iniciar una tutoría.
- «Recordar juntos» lo que sucedió en la clase es de gran utilidad. Después, lo antes posible, analice lo experimentado. A la hora de recordar juntos sois iguales. Este análisis también crea un clima de seguridad en el que se puede producir una mayor exploración. El objetivo del mentor es llevar al maestro a decir lo que hay que cambiar. Esta consciencia llega a ser el agente de crecimiento real, el ímpetu para convertirse en un buen maestro. El mentor puede ayudar pero luego debe hacerse a un lado respetando lo que solo el maestro puede hacer por iniciativa personal. En el Evangelio según San Juan (3:30) hay un dicho que funciona bien con la mentorización: «Es necesario que él crezca y que yo mengüe».

Como sucede con todas las interacciones adultas, es mejor mentorizar a partir de experiencias vividas que desde imágenes abstractas. Mediante la utilización de imágenes y ejemplos concretos, el mentor ayuda a que un compañero vea las cosas de nuevo. También se hace mucho, simplemente mirando los fenómenos adecuados. Si se mirasen con claridad, empezarían a expresarse. Además, la dedicación de un maestro a los niños ayudará a asumir los cambios que sean necesarios. Nunca se debería subestimar esta profunda energía en nuestra escuela.

7

EL APRENDIZAJE
DE HABILIDADES DE GRUPO

Etapas del desarrollo del grupo

Ahora que hemos considerado los aspectos espirituales de conectarse con los demás en el viaje hacia la renovación, nos acercamos a los aspectos prácticos de trabajar y formar parte de un grupo. Es interesante tener en cuenta cuanto de nuestro tiempo pasamos en los grupos. A veces son situaciones formales, como reuniones de grupos grandes y pequeños, comités, conferencias, jornadas de convivencia, resolución de problemas administrativos espontáneos, grupos de estudio y cursos profesionales. Sobre todo con el aumento de la disponibilidad de la tecnología, las personas parecen sentirse atraídas por los eventos de grupo como una forma de equilibrio humano a sentarse delante de un teclado. Salvo escasas excepciones, la mayoría de la gente tiene una amplia interacción con grupos de varios de tipos y tamaños. Queda a nuestra elección la manera en que aprovechamos esta oportunidad para lograr una sensación de comunidad real.

Ante esta realidad, no es suficiente con mirar solo la dimensión individual de la renovación escolar y lo que cada uno de nosotros podemos hacer en nuestros viajes independientes hacia la renovación. Debe considerarse un aspecto de la renovación desde el punto de vista del grupo y del funcionamiento de éste. De hecho, he observado que un maestro o un padre, a pesar de su éxito y su salud, pueden ir desgastándose poco a poco a causa de una organización disfuncional. Los patrones de la conducta humana afectan a la forma en que respiramos, pensamos, hablamos y nos relacionamos. Para entender esta idea desde el aspecto negativo, lo único que hay que hacer es mirar hacia el grupo más cercano de adolescentes y ver el efecto de la presión de los compañeros en sus vidas. Uno de los aspectos positivos es que un individuo consciente de sí mismo y proactivo puede influir en la dinámica de un grupo determinado, así como la cultura de una organización puede influir en el trabajo de todos y cada uno de los maestros. Se ha prestado mucha más atención al plan de estudios y a las necesidades pedagógicas de una escuela que a la cuestión de la salud orgánica.

Al igual que los seres humanos cambian y crecen con el tiempo, también lo hacen de esta forma los grupos. La mayoría de nosotros reconocemos los cambios humanos, sobre todo aquellos relacionados con la infancia. Para los padres y los maestros es igual de importante si un niño tiene tres, seis o nueve años. Nuestras respuestas difieren dependiendo de la edad del niño. Los cambios que tienen lugar en la vida de un grupo se tienen menos en cuenta. Sarah sentía los cambios sutiles en el personal docente de su escuela durante años, pero estaba demasiado ocupada para pararse y observar lo que en realidad estaba sucediendo, por no hablar de hacer algo al respecto. Cuando la escuela de Sarah entró en crisis, todo el mundo quería una solución al problema inmediato, sin embargo había pocas personas disponibles que participasen en la formación, el desarrollo de aptitudes y el aprendizaje sobre dinámica de grupo. Sin un alineamiento entre las «tareas» y las «competencias», una escuela tiende a utilizar habitualmente «tiritas». En nuestras escuelas es necesario un enfoque más fundamental.

Al observar las etapas de un grupo, es posible que cada uno de nosotros vea cómo podemos fomentar los grupos activos y de éxito. Las siguientes descripciones se basan en el trabajo de *Blanchard Training and Development* de San Diego, California. Esta organización ha desarrollado diversas evaluaciones y modelos de formación que me han ayudado en mi trabajo con las escuelas durante los últimos años. Mediante el uso de sus materiales y las experiencias de mis compañeros de la Antioch New England Graduate School, describo cinco etapas distintivas del desarrollo grupal.

Orientación

Trate de recordar como era cuando se unió recientemente a un nuevo grupo. Puede que haya sentido un gran entusiasmo por la tarea o el proyecto en cuestión; de lo contrario, no hubiera hecho el esfuerzo de asistir. Es posible que haya esperado un resultado positivo o sentido la necesidad de trabajar, pero al mismo tiempo es probable que se experimente ansiedad y preocupación por su papel en el grupo. ¿Quiénes son las otras personas que me rodean? ¿Encajaré? ¿Comparten mis esperanzas por este grupo? Puede que recuerde que miraba al líder para ver qué sucedería primero y tal vez necesitase convencerse de que todo estaba bien planificado y calculado. Es posible que se sintiese aliviado al ver un orden del día y que hubiese tiempo para una pequeña charla. Esta etapa del desarrollo grupal se caracteriza tanto por tener un escaso control del cumplimiento de la tarea como porque la energía del grupo se centra en definir los objetivos y tareas, explorar un posible enfoque y utilizar las aptitudes que los participantes han traído de situaciones anteriores. La orientación que acepta y trabaja con esta dinámica puede construir una buena base para el futuro trabajo en grupo.

Insatisfacción

Es natural que un grupo atraviese una etapa en la que los participantes se sientan frustrados por la falta de progreso y enfoque del grupo. Quizás los miembros experimenten la discrepancia entre sus expectativas iniciales y la realidad. Resultaría evidente que los miembros tuviesen expectativas totalmente diferentes o que se expusiesen las hipótesis y se cuestionase el propósito de las reuniones. En algunos momentos de esta etapa la gente puede percibir diversos niveles de incompetencia y confusión. Otra característica de esta etapa de desarrollo grupal es que los miembros tengan sentimientos negativos hacia el líder formal u otros miembros que son percibidos como que asumen funciones informales de liderazgo. El grupo parece requerir un fuerte liderazgo, sin embargo, los miembros se sienten al mismo tiempo infelices por su dependencia respecto a la autoridad. En su infelicidad suelen depender cada vez más de cualquier liderazgo que esté disponible. En general, la labor del grupo en esta etapa se interrumpe constantemente por la necesidad de procesar los sentimientos negativos y las diversas expectativas.

Resolución

Finalmente, casi todos los grupos empiezan a solucionar sus asuntos. Comienzan a resolver sus diferencias, reafirmar sus objetivos y centrarse en las tareas en cuestión. Los miembros se sienten cada vez menos insatisfechos conforme se aclaran las nuevas formas de trabajar juntos y, por consiguiente, disminuyen los sentimientos negativos hacia el líder y los otros miembros. Cuando crecen los sentimientos de respeto mutuo se desarrolla la confianza, y a partir del nuevo sentimiento de armonía, los miembros son capaces de aprovechar mejor los recursos humanos del grupo. Como consecuencia, los logros aumentan y los individuos se sienten más satisfechos, lo que a su vez influye en la autoestima. Este ciclo positivo se refuerza a sí mismo a medida que aumentan los sentimientos positivos. De paso, se obtienen nuevas aptitudes y los miembros adquieren nuevos conocimientos tanto de los contenidos como de las necesidades del grupo.

Producción

En esta etapa se tiene la sensación de que las cosas van viento en popa, el trabajo se está cumpliendo y los miembros se sienten bien por su participación y por el resultado final. Los miembros trabajan bien juntos y parecen coincidir en la naturaleza de sus relaciones. Ahora son más independientes, no dependen del líder formal pero pueden apoyar el liderazgo situacional que surge. Como parte de esta fase madura de desarrollo grupal, los miembros reconocen, respaldan y desafían la competencia entre ellos de manera que atrae los talentos necesarios para la tarea en cuestión. Los miembros se comunican abierta y libremente sin miedo al rechazo o conflicto, ya que sus energías se centran en el cumplimiento de la tarea y no en la resistencia o insatisfacción.

También son capaces de relacionarse entre sí desde el punto de vista de la funciones de tareas complementarias, así como de prestar un apoyo interpersonal. De este modo, las reuniones se mejoran por el orgullo en las tareas bien hechas y la cohesión del equipo. Los miembros progresan a medida que aprenden y desarrollan nuevas capacidades.

Terminación

Se suele prestar muy poca atención a las etapas finales de un grupo; los miembros simplemente salen volando por la puerta. La terminación es un importante medio de poner fin, compartir, aprender y realizar nuevas aptitudes, conscientes de que se pueden aplicar a la siguiente tarea. También es natural que la última etapa de un trabajo de grupo incluya cierto grado de abandono, de tristeza por el final o un sentimiento de falta de concentración. Algunas veces la inminente separación planea como una nube y los miembros tratan de ocultar sus sentimientos de separación bromeando, faltando a reuniones o lanzando comentarios tangenciales. Por lo general, en la terminación hay todavía un sentimiento considerable de logro, aunque también hay una sensación de necesidad de seguir adelante. Nombrar esta etapa y participar en su análisis ayudará a que todos los participantes se marchen con un sentimiento de realización. Durante la terminación son necesarios ciertos exámenes de seguimiento y la presentación de informes.

La vida se vuelve interesante cuando se observa la evolución de los estilos de liderazgo necesarios para estas etapas de desarrollo grupal. Existen muchas formas de considerar esta conexión, pero un aspecto es el grado de apoyo frente a la necesidad de dirección de un grupo. Entre las conductas de apoyo se incluyen: hacer preguntas aclaratorias, fomentar la participación, solicitar una amplificación, afirmar, fomentar la confianza y ayudar a que los miembros participen plenamente. Entre las conductas directivas por parte de un líder se puede incluir: establecer objetivos para la reunión, repasar el orden del día, recurrir a los miembros para la introducción, presidir el debate con el fin de permanecer en la tarea y envolver las cosas de manera clara y concisa.

Cuando un grupo se encuentra en la fase de orientación necesita un liderazgo que sea contenido en su apoyo y sólido en su dirección. La gente quiere saber qué está sucediendo y por eso miran en dirección al líder. ¿No sería extraño que, en la primera reunión, el líder simplemente se sentase cómodamente y socializase? ¡La etapa de insatisfacción podría llegar antes de lo normal! Cuando esto ocurre, la etapa de insatisfacción exige un liderazgo que sea sólido tanto en la dirección como en el apoyo. Se podría decir que, de todos los ciclos del desarrollo grupal, esta segunda etapa requiere un liderazgo activo y energético. Lamentablemente, lo que sucede es lo contrario. Cuando se enfrenta a la insatisfacción, un líder dará un paso atrás horrorizado y esa respuesta solo agrava el problema. Lo que se necesita es un líder que comprenda la dinámica, apoye a los miembros y siga dirigiendo. He dicho con frecuencia que en esta etapa es casi mejor tomar cualquier dirección con una tarea que renunciar por completo al movimiento. La insatisfacción es un camino en el que un grupo comienza a exigir más a sus miembros y no hay tiempo para que el líder se tome un descanso.

Sin embargo, cuando se establece la resolución, el liderazgo puede seguir siendo de gran apoyo pero la dirección no es tan necesaria. El líder ya no tiene que tomar las decisiones, sino animar, guiar y respaldar. Por último, en la producción, el líder puede ofrecer poco apoyo y poca dirección sin que afecte al trabajo del grupo. De hecho, he visto a un líder formal abandonar la sala en esta etapa sin que el grupo siquiera se diese cuenta. Tan importante es que un líder retroceda en esta etapa como lo era que gastase energía en las etapas previas. En mi opinión, la terminación requiere un toque de todos los modelos de liderazgo (en pocas palabras, apoyo y dirección, y un sentido para envolver las cosas de modo que la vida pueda continuar).

Para mí, el liderazgo es una respuesta a las necesidades del grupo, no una imposición sobre el grupo. De hecho, cuando un líder se queda atrás, es decir, se sigue ciñendo a un estilo que el grupo ya no necesita, los miembros, primero de manera encubierta y luego abiertamente, se resienten del líder. No hay nada peor que un liderazgo que retrasa el crecimiento de un grupo. Esto puede sonar absurdo pero he conocido escuelas fundadas por un líder sólido que prosperaron durante muchos años y que tan solo pasaron por un periodo que se podría llamar la «época oscura» cuando superaron a su fundador. Las viejas formas, al igual que las viejas costumbres, pueden ser un pulmón artificial que dificulta la respiración saludable del organismo social.

En lugar de ver las etapas del desarrollo grupal descritas en el capítulo de una forma lineal, éstas podrían verse mejor como una espiral. Existe un movimiento constante de una etapa a otra, y así como se alcanza la terminación, es posible que muchos miembros se estén desplazando hacia la siguiente situación, la cual requerirá orientación. Después de haber trabajado con este modelo durante algunos años, quisiera ofrecer unos consejos sobre como mantener las cosas vivas.

En primer lugar, cuando una nueva persona se une a un grupo, hay una regresión natural de al menos una etapa. Esto quiere decir que un grupo en la etapa de resolución puede encontrarse volviendo a la insatisfacción si el nuevo miembro no es capaz de integrarse con facilidad. Ser consciente de esta tendencia de retroceso podría ayudar si el líder, y en realidad todos los miembros, pudiesen tomarse un tiempo para una bienvenida consciente, si bien abreviada, a través de la orientación. Con la incorporación de un nuevo miembro, todo el grupo es nuevo.

Según mi experiencia, muchos grupos manejan la orientación de una manera superficial. Esto podría hacerse rodeando el círculo con breves introducciones o leyendo el orden del día. Sugiero que si prestase más atención a la orientación, es posible que la etapa de insatisfacción no debilitase tanto. Por ejemplo, la orientación no trata solo sobre la orientación de la tarea sino también sobre el proceso y el mantenimiento del grupo. ¿Cómo estamos sentados? ¿Se siente todo el mundo cómodo? ¿Hay suficiente luz y aire? ¿Dónde se encuentra en relación a esta reunión? ¿Qué problemas y preocupaciones tiene que podrían influir en nuestros debates? Cuanto más explícitas se hacen estas cosas en una etapa inicial, menos funcionarán insidiosamente en las conversaciones posteriores.

Además, muchas personas consideran que sus líderes sospechan, que les atan corto y luego les critican por no hacer más. Si un grupo comparte expectativas de liderazgo antes de que comience el trabajo, la persona en el papel de facilitador podrá saber lo que se quiere y se espera. Estoy muy preocupado por el fenómeno de «atar corto», en el que unos cuantos aceptan servir y aquellos que sirven no suelen sentirse apoyados. La cultura popular está llena de temor al líder tiránico, pero en las escuelas casi nunca se da este caso. En lugar del líder tiránico, encuentro grupos tiránicos que mantienen una especie de dominio impersonal sobre la vida de la escuela. Así se le llame comité, consejo, cuerpo docente o colegio profesional, un grupo puede crear una cultura en la que nadie se atreva a asumir el liderazgo que sea innovador, creativo o inspirado. Cuando el liderazgo no tiene rostro, los padres pierden la esperanza. El «hemos decidido» se convierte en una forma de escapismo en la que nadie es responsable, pero no están pensando con claridad.

A modo de ejemplo, a menudo me frustro cuando la escuela de mi hijo simplemente anuncia un cambio en el horario con la proclamación «el cuerpo docente ha decido». En el anhelo de un ego (una simple presencia o una cara) con el que interactuar, a veces busco un maestro con una pregunta o una solicitud de explicación, y la respuesta suele ser otra respuesta muy utilizada, «se decidió». ¿Dónde está la posesión? ¿Por qué la necesidad de esconderse detrás de la pared del grupo? El hecho de permitir que los individuos hablen en nombre de un grupo puede conducir a la frustración y a una jerarquía dentro de la comunidad escolar. Anhelo el tipo de liderazgo que habla con estas palabras: «El personal docente estudió varias alternativas y como parte activa del proceso, decidí prestar mi apoyo a esta solución porque...». Cada adulto de una escuela es un líder. ¡Dejemos que hablen!

El liderazgo también debe ser consciente de sí mismo y creativo en gestos. Esto significa que el conocimiento de uno mismo y el desarrollo personal liberan a un líder de los confines de la personalidad y permiten un verdadero servicio. Un liderazgo sólido y decisivo en representación de una escuela es positivo si se realiza un verdadero servicio. La destreza viene con la ejecución. Al igual que un pintor siente cuando el rojo necesita un toque de azul, un líder también debe trabajar de manera creativa con el talento humano disponible en una comunidad escolar. Asociarse con las personas adecuadas, organizar eventos que fomenten la comunidad, hablar en privado con un colega antes de que un problema estalle, utilizar un sentido del tiempo para facilitar una reunión; todo esto y mucho más constituye el arte del liderazgo. Si dejamos de lado el modelo militar de mando y control y adoptamos un modelo artístico para el liderazgo, habremos dado un gran paso para mostrar como las escuelas pueden transformar las percepciones sociales.

Por último, como se afirma en otra parte de este libro, en caso de duda, recomiendo que los líderes lleven las situaciones hacia el movimiento. Ha habido momentos en que he estado completamente confundido en cuanto a qué hacer, y todo el mundo esperaba algo. En vez de asumir que la respuesta vendría en forma de un concepto, he descubierto que llevar los asuntos hacia el movimiento casi siempre ayuda. Así que cuando no tengo la menor idea simplemente hago una pregunta, inicio el diálogo y consigo que las cosas empiecen. La solución suele estar escondida en alguna parte del grupo, lista para salir cuando nadie esté mirando. El movimiento trae la vida y la vida enseña todo.

La separación y el regreso

Formar parte de un grupo también requiere que lo miremos conscientemente. Al hacer esto, tómese un momento para salirse del grupo y obtener una nueva perspectiva, de la misma manera que cuando caminé por fuera de la catedral de Chartres y la vi de forma distinta. Casi todos los padres tienen la experiencia de mandar a su hijo de viaje, tal vez para visitar a los abuelos o para ir a un campamento de verano. Al principio estas separaciones a corto plazo son difíciles, más para los padres que para el hijo por lo que veo. Si las decisiones se toman bien, existe el sentimiento de compensación de que la distancia es buena para el niño y, desde luego, el regreso suele ser sabido y anticipado. De hecho, ese tiempo alejado puede incluso fortalecer la relación, ya que todos necesitamos que se nos recuerde de vez en cuando para no subestimarnos los unos a los otros. ¡Cómo aprecian nuestra cocina cuando regresan del campamento! El retorno de estas pequeñas salidas puede generar mucho para compartir, no solo sobre los eventos que han acontecido sino también en un nivel más profundo. Como padre, he experimentado algunas de las mejores conversaciones con mis hijos unos días después de su regreso de una excursión de este tipo. Mi hijo mayor y yo solemos terminar dando un paseo, yendo al gimnasio o simplemente charlando en el coche, y esas conversaciones tienen más alcance y amplitud después de que haya estado fuera.

La separación y el regreso pueden mejorar el principio de crecimiento y otorgar a ambas partes una sensación renovada de confianza y seguridad.

Por ejemplo, es maravilloso cuando una familia vuelve a la misma casita de vacaciones cada verano. Uno llega con un sentido de expectación, redescubre viejos lugares y revive el pasado mientras experimenta el presente con la plenitud del corazón. Volver año tras año es un ritmo vivificante que permite el crecimiento espiritual. Simplemente mire atrás en su biografía en busca de experiencias similares, quizás una fiesta recurrente, un viaje o una tradición familiar. La reconexión es tanto exterior como interior; el espíritu de uno se renueva.

El tema de la separación y el regreso también pueden emplearse para llevar la energía de la renovación a los grupos. Si las reuniones de grupo simplemente toman la misma configuración semana tras semana, es como vivir en la misma casa durante todo el año sin tener vacaciones o experimentar un cambio de lugar. La mayoría de escuelas adoptan un formato de reunión favorito y luego se ajustan a él. En las escuelas públicas el personal podría reunirse en la biblioteca, con los maestros detrás de los pupitres y el director delante intentando tratar las cuestiones lo más eficazmente posible para minimizar el tiempo requerido para la sesión. En una escuela Waldorf, las reuniones suelen celebrarse en una clase con sillas colocadas alrededor de un círculo. No existe una forma correcta o incorrecta de hacerlo, pero la dinámica que está en juego dentro de la reunión es lo más importante.

Mediante el uso de los conceptos de diferenciación e integración se mejora la salud de nuestras reuniones. Como sucede con las vacaciones familiares, este es un proceso que tiene enormes posibilidades. La diferenciación tiene lugar en varios niveles, pero podría ser tan sencillo como dividirse en grupos más pequeños para trabajar en una cuestión. Los grupos pequeños permiten una conversación y un compromiso más intenso y, al mismo tiempo, alteran la dinámica inherente en el grupo grande. La diferenciación también puede ser un proceso interno en el que los participantes ven un aspecto de un problema y lo desmontan antes de juntar de nuevo las piezas. La integración es el regreso, la unión de todos los lados. Este podría ser simplemente el regreso de los grupos pequeños a la gran reunión, o podría significar la integración de grupos que están separados por su posición, como los padres, los maestros y el consejo. El proceso de integración crea un sentido de conjunto.

Por mi experiencia con escuelas, la diferenciación es el más predominante de estos dos procesos. Por ejemplo, acostumbramos a sentirnos más cómodos al reunirnos solo como maestros. En su mayor parte, todos sabemos donde nos colocamos. Al parecer siempre supone un esfuerzo extra organizar y llevar a cabo una reunión de grupos mixtos, y el nivel de estrés parece ser mayor. Esto es lamentable, ya que cuando el principio de diferenciación es supremo, las viejas costumbres y tendencias controlan los procesos emocionales y cognitivos inconscientemente. Una reunión en un grupo de cohorte puede ser un soporte vital pero también puede llegar a ser peligrosa.

Una de las razones por las que las personas se resisten a la integración de grupos separados en una escuela es que no se aclaran las conjeturas, las normas y las expectativas de la reunión, por lo que la gente puede sentirse a la deriva en un grupo integrado. Por ejemplo, las reuniones solo de maestros tienden a desarrollar un protocolo, una forma de trabajar que guía a los miembros de una semana a la siguiente. Esto significa que los miembros aprenden a esperar una cierta forma de apertura, un proceso de facilitación que funcione y un sentido de propósito que una a los maestros. Cuando nos adentramos en un grupo mixto, cualquier cosa es posible. Algunas veces los resultados confirman los peores temores de los participantes: un padre o maestro podría monopolizar el tiempo, puede que los miembros tengan diferentes órdenes del día y las expectativas pueden variar tanto que no importa lo que suceda, algunos se marcharán insatisfechos. Todo lo que se necesita es unas cuantas reuniones de grupos mixtos infructuosas para confirmar los prejuicios anteriores. El sentimiento que surge es que el verdadero trabajo de la escuela solamente puede ocurrir en un grupo especializado.

No obstante, este no tiene por qué ser el caso. Si se presta cuidado y atención a las necesidades de un grupo mixto, se puede experimentar una maravillosa explosión de creatividad y energía positiva que se extiende a toda la escuela. Para empezar, resulta de gran utilidad reconocer que las necesidades del grupo son diferentes cuando el conjunto de miembros procede de varios componentes de la escuela. De este modo, es necesario dedicar un tiempo a unir expectativas y objetivos, explicando el propósito de la reunión, estableciendo normas de conducta en ella y facilitando activamente. De hecho, considero que cuanto más diverso sea el grupo, más activa tiene que ser la facilitación. Por el contrario, un grupo de compañeros que se ha reunido durante los últimos años se conocen tan bien entre ellos que apenas la necesitan. El grupo de trabajo constituido funciona debido a que sus miembros se conocen muy bien, sin embargo, esa misma familiaridad puede desembocar en una dinámica familiar en la que las conexiones también sirven para perpetuar la disfunción. Las personas del grupo han aprendido a trabajar alrededor de determinados problemas. Es posible que estos problemas no hayan sido tratados durante años. De hecho, muchas personas trasladan inconscientemente las costumbres de la reunión de un escenario a otro, solo para despertarse bruscamente cuando las cosas no marchan demasiado bien. Este despertar se produce cuando alguien cambia el formato de la reunión, el escenario, el conjunto de miembros o el estilo de facilitación. La integración de grupos mixtos tiene el efecto de sacar a la luz lo que ha sido ignorado; es una forma de fomentar la honradez en las interacciones humanas.

Una escuela puede experimentar una renovación si sus reuniones, así como toda en la escuela en su conjunto, utilizan las cualidades de diferenciación e integración. De los grupos diferenciados, como las reuniones de maestros, se puede lograr una visión en profundidad, continuidad de propósitos y el conocimiento necesario para desarrollar un plan de estudios que responda a las necesidades de los niños. Esto puede llegar a ser un valioso apoyo para la escuela. De las reuniones de grupos integrados se puede ampliar la perspectiva, encontrar nuevos recursos. La diferenciación y la integración se convierten en un proceso creativo cuando trabajamos juntos, un proceso que se eleva en espiral de manera orgánica, llevando a la escuela a una reposición constante. Lo que se aprende en un grupo diferenciado se puede experimentar desde una nueva perspectiva en un grupo integrado, lo que, a su vez, lleva a una nueva visión cuando se regresa al grupo diferenciado. Si nos fijamos en cómo echa hojas una planta, podemos ver la recolección y el brote como una dinámica espiral. Como sucede con los procesos de crecimiento en la naturaleza, la diferenciación y la integración mejoran el crecimiento en las escuelas.

La separación y el regreso también pueden experimentarse a un nivel profundamente personal, mediante una crisis o un gran cambio en la vida que se convierte en el estímulo para el crecimiento individual. Cuando se produce un acontecimiento de este tipo en la vida, la escuela como organización no puede hacer mucho, pero los compañeros y padres compasivos pueden ayudar a mantener a la persona en crisis. Un fallecimiento en la familia puede enviar unas ondas a toda la comunidad, pero el impacto total del evento lo experimentan más aquellos con una conexión de corazón. Los compañeros y padres no suelen dar importancia al impacto prolongado de este importante acontecimiento y al sucesivo oleaje que arrastra meses e incluso años más tarde. Debido a que estos asuntos son tan importantes en el panorama de la renovación, me gustaría seguir desarrollando el alcance individual de la separación y el regreso.

El lugar era Abbot Hill Road en el cruce con las carreteras de High Mowing y Pine Hill. Hace unos años, al regresar de dejar a mi hijo Thomas en la escuela High Mowing, adelanté a mi ex mujer mientras se dirigía hacia Pine Hill con Ewen. Su dulce cara estaba mirando por la ventana y, por un instante, sus ojos redondos miraron directamente a los míos. Nos vimos un momento y luego los coches pasaron. No volvería a verlo durante varios días, hasta su siguiente visita. Las lágrimas se deslizaban sobre mi rostro mientras conducía. Mi hijo, el hermano menor de Thomas, el que todos habíamos deseado durante tanto tiempo, estaba ahí, pasando delante de mí en otro coche. Lo extrañaba en el desayuno, cuando jugaba en el suelo del salón, cuando lanzaba la pelota en el patio y al leerle un cuento antes de dormir; todo se precipitaba sobre mí otra vez. ¿Cómo podría ser tan cruel el mundo? Me dolía el corazón.

Durante uno o dos segundos el lado lógico y razonable de mí trataba de entrar, diciendo: «Con el fin de evitar un conflicto por Ewen, aceptaste desde el principio en el proceso de divorcio no tener una batalla por su custodia y apoyar a Thomas en sus deseos. Esto es lo que aceptaste». Sin embargo, la lógica tiene poco peso en los asuntos del corazón. Un padre que echa de menos a su hijo menor tiene que abrazar el dolor. En lugar de explicar e incluso comprender esta situación, quería algo más profundo. Quería que esto me enseñase, trabajar en mí sin un resultado predeterminado. Y eso hice.

El tiempo ha pasado, y Ewen y yo experimentamos más alegría que nunca en nuestros momentos juntos. Los momentos que no valoramos en una ocasión los dedicamos ahora con una nueva plenitud. Por ejemplo, los cuentos para irse a dormir no suelen ser posibles por las noches, excepto cada dos fines de semana cuando se queda a dormir conmigo. Había literalmente una brecha en la lectura, así como un abismo del alma. Experimenté «la nada», un espacio vacío, y podía caer con demasiada facilidad en la vaciedad y la separación. ¿Qué hacer? Tras algunas experimentaciones, encontré otra forma. Ewen y yo empezamos a leer por las tardes, justo antes de la cena. Era diferente; no llevaba pijama y tenía que subirse al coche y marcharse más tarde, pero después de unos minutos en el sofá, nos adentrábamos en la historia y todo lo demás desaparecía. Estábamos envueltos en la actividad, y la actividad nutre. Tenía que encontrar una nueva manera mientras me mantenía fiel a los ideales que tengo como padre.

El aprendizaje de habilidades de grupo

La separación y el regreso son una realidad moderna de la vida. Las cosas que están vivas no solo pueden alargarse cada vez más con el tiempo. No se puede pretender que una planta crezca simplemente por amontonar un montón de células separadas. El cambio se produce para todos en una u otra forma. La pregunta es qué hacemos al respecto. En mi caso, e imagino que en el de muchos hombres, mi antigua respuesta era simplemente salir disparado hacia adelante, continuar sin mirar hacia atrás. Y hay un valor en seguir adelante, pero en el momento, he visto que es mejor aceptar la realidad, aunque no siempre sea agradable. Cuanto más vivía en ella y experimentaba de verdad la dinámica con Ewen, más capaz era de acceder a nuevas capas de mí mismo. Y el resultado inesperado fue que llegar ser más completo en mí mismo hizo más para ayudarnos que cualquier otra cosa que pudiese haber imaginado (entre la que se incluye encontrar a mi nueva esposa y alma gemela). De este modo, la renovación no solo es una cuestión de aptitudes en la reuniones y cambios orgánicos, también es una cuestión profundamente personal.

Por último, diré unas palabras sobre el arrepentimiento, que es una consecuencia habitual de la separación. Es muy fácil establecer altos ideales para uno mismo, ideales que en muchos casos no se pueden lograr. Muchos maestros planifican clases y objetivos que son difíciles de conseguir en el tiempo establecido. Puede que las relaciones en casa y en la escuela no cumplan el ideal. El periodo de enamoramiento del primer año en una escuela como padre puede dar paso a una desilusión posterior. Dondequiera que los ideales no se alcancen se establece la posibilidad de arrepentimiento. De la misma manera que el ideal original puede generar nuevas fuerzas vitales, el arrepentimiento puede matar la vida del espíritu. Cuando se establece un modelo de arrepentimiento, éste puede ser corrosivo.

Hace unos años una antigua compañera, que desde entonces lo ha rechazado, compartió conmigo una historia conmovedora. Me contó como en la preparación de la Navidad se había quedado muchas noches despierta hasta muy tarde haciendo los regalos para los alumnos de su clase. Ellos los recibieron con mucha alegría el último día de escuela antes de las vacaciones. Luego, justo dos días más tarde, llegó la Navidad y ella se dio cuenta de que no tenía regalos para sus propios hijos. Tuvo que salir corriendo a comprar unos regalos que eran muchos menos de los que tenía la esperanza de hacer. Durante las semanas y meses posteriores, se arrepintió de haber invertido tanto tiempo en los regalos de la escuela y tan poco en las Navidades de su familia. Enferma de cáncer, se sentaba frente a mí y hablaba sobre los muchos arrepentimientos de su vida. Decía: «Me lamento y me culpo por los años que me llevaron a esta enfermedad. Por lo menos ahora puedo hacer frente al problema. He esperado toda mi vida para esto».

Uno siempre se sentirá incapaz para muchas de las tareas en cuestión y no todo se puede realizar cuando queremos. Lo importante es esforzarse por un equilibrio entre el ideal y lo que realmente se puede conseguir, tomar esas decisiones de la vida diaria con claridad y luego aceptarlas en su plenitud. No todo es posible en un día, ni incluso en dos. Las transiciones tardan un tiempo y no se puede vivir solamente en el pasado o el futuro. El presente es ahora. ¿Cómo vivo con este pensamiento, con este sentimiento, con este momento? Es necesario que haya una especie de respiración entre el ideal, como los regalos de Navidad, y la realidad del tiempo que se necesita para hacerlos. Todos viajamos más rápido que antes y es muy fácil despegarse un poco del terreno de la existencia. Cuando lo hacemos, tendemos a seguir desplazándonos en la misma dirección, dedicando a algunas cosas más tiempo y energía de lo que se merecen. Cada tarea requiere un nivel diferente de energía o fuerza vital. Saber lo que se requiere y no dar ni muy poco ni demasiado es una muestra de respeto con las personas y las cosas que nos rodean. Además, permanecer con los pies en la tierra y conectado a las tareas cotidianas más pequeñas es un correctivo natural. Hallo un gran consuelo en escardar, lavar los platos y poner las cosas en orden en la casa y el patio. Se trata de la satisfacción inmediata de ver los resultados del trabajo de uno rápidamente, de ver el cambio.

El cambio requiere que dejemos marchar lo que nos retiene. Una persona solo puede construir sobre las acciones positivas que toma, sobre lo que es una semilla viva en el alma, esa que tiene bendición divina. La renovación no puede forjarse con los cascajos del arrepentimiento. Más que desear que se hubiese hecho mejor, se puede tener la esperanza de que se haga mejor en una situación parecida en el futuro. ¿Puedo estar despierto la próxima vez, ver con mis nuevos ojos y estar ahí de una forma diferente cuando me enfrente al siguiente reto? Este es un uso productivo del remordimiento, en el caso de que fomente la voluntad de hacerlo mejor la próxima vez. El arrepentimiento es en realidad una visión estrecha de la vida. En el arrepentimiento, uno puede estar centrado en sí mismo y ajeno a los grandes trabajos del cosmos. ¿Para qué fin son mis esfuerzos? En el umbral de la vida y la muerte, podríamos hacernos las preguntas: «¿cómo me ayudaste a llevar mi cruz?» y «¿cómo te ayudé a llevar la tuya?». Estas preguntas nos llevan más allá de la autoayuda en la tarea esencial del ser humano de nuestra era. Y en relación con las personas, en la unión con los demás de esta manera, logramos una nueva perspectiva. La misma vida es una separación y un regreso: una separación de nuestro hogar espiritual en el nacimiento y un regreso en la muerte.

Enmarcar

> *Todos nosotros creamos nuestros propios mundos por los que elegimos ver, creando un mundo de distinciones que tenga sentido para nosotros. Luego «vemos» el mundo a través de este yo que hemos creado.*
>
> —Margaret Wheatley[32]

Lo que creamos, según cuenta Margaret Wheatley, se convierte en un lente a través de la cual vemos, interpretamos y buscamos nueva información. La información que buscamos sirve para validar nuestros puntos de vista anteriores, lo que nos lleva a un sistema circular para nuestro propio beneficio. Por consiguiente, enmarcamos los asuntos y los problemas por como tendemos a ver el mundo. Es como si cada uno de nosotros tuviese un mapa mental personalizado que nos guía en nuestra navegación diaria. De hecho, estos mapas o teorías pueden generar diferencias. Las personas actúan, normalmente con las mejores intenciones, movidas por sus convicciones o «mapas mentales», y estas acciones constituyen las situaciones sociales y orgánicas en las que vivimos.

Cuando las cosas van bien en una escuela, esos mundos hechos a sí mismos no se cuestionan. Y las cosas suelen ir bien simplemente por la sincronía de muchas personas reunidas en una emocionante aventura diseñada con la esperanza de crear un mundo mejor para nuestros hijos. Este espíritu de esperanza, además de la gracia especial que procede de trabajar en favor de los niños, permite que muchas personas diferentes trabajen juntas a pesar de sus diferentes «mundos» de realidad interior. Los niños actúan como poderosos agentes de cooperación; ayudan a los padres y maestros a encontrar una base común. Los primeros años de una escuela nueva están marcados por este periodo especial de gracia, en el que la voluntad positiva de cooperación es primordial.

Tarde o temprano llega la llamada de alerta, normalmente en forma de desafío en la realidad exterior de la escuela: Podría ser un cambio en la administración, la situación económica, la contratación, la evaluación e incluso simplemente un asunto en un determinado curso. Cuando suena la llamada de alerta se resaltan los diferentes marcos de referencia en manos de las personas clave. De pronto, las personas se dan cuenta de que no ven las cosas de la misma manera. Los desafíos que surgen como consecuencia de la llamada de alerta nos ayudan a ver los diferentes puntos de vista de la población escolar. En nuestro viaje hacia la renovación podemos encontrarnos estos desafíos en el ámbito del grupo y aprender nuevas formas de escuchar, hablar y asesorar. Un reto para muchas escuelas es la matriculación, ya que está directamente relacionada con la financiación y los ingresos. Este asunto y otros similares revelan las áreas en las que la escuela en conjunto no funciona adecuadamente. Se pueden identificar las áreas de desafío o desacuerdo por la forma en que los diferentes grupos dentro de la comunidad escolar encuadran el asunto. Aquí se ofrecen cuatro posibles formas de enmarcar el mismo asunto. Supongamos que ha bajado la matriculación en séptimo grado.

Respuesta de un miembro del consejo:

Sí, recuerdo perfectamente la última reunión de primavera cuando se decidió la forma de repartir los recursos en el nuevo presupuesto. Algunos querían iniciar un programa extraescolar, otros esperaban que se subieran los salarios, otros presionaban para una nueva posición del idioma, y otros aún querían que cambiásemos la caldera. En el consejo estuvieron representados todos los grupos, pero parecía que los proyectos particulares tenían los defensores más firmes, y las necesidades del personal docente se desatendieron. Así que aplazamos los aumentos salariales y pospusimos añadir fondos para el desarrollo profesional. No me extraña que el maestro que contratamos para séptimo grado estuviese en apuros. ¿Cómo no iba a estarlo si trabajaba por las noches en la tienda de comestibles?

Respuesta de un maestro:

Así es, la matriculación ha bajado, lo cual no me sorprende dada la dinámica de los padres en ese curso. Francamente, me siento aliviado al saber que algunos se han marchado. En realidad le tenían manía al último maestro. Al menos nuestro nuevo compañero podrá contar con el apoyo de los padres.

La perspectiva de un padre:

Sí, la clase se ha reducido este año, en parte se debe a la manera en la que entró en la escuela el nuevo maestro. Recuerdo muy bien el primer día. Sé que acababa de mudarse a su nueva casa la noche anterior, pero llegó tarde a la asamblea inaugural y parecía que dudaba antes de unirse en el escenario a los otros maestros para las presentaciones anuales. Su chaqueta estaba arrugada y su corbata torcida. Parecía realmente desubicado. Ese momento fue simbólico, por lo menos para mí.

Respuesta de un administrador:

Así es, la matriculación ha bajado en ese curso debido en parte al sistema del comité que tenemos todavía. Mientras la mayoría estuvo fuera este verano, el comité de personal siguió entrevistando a candidatos para el puesto. Pero como se vio después, nadie en el comité tenía experiencia en la escuela secundaria. Finalmente encontraron a este maestro sin preparación, con la esperanza de que hiciese algunos cursos durante el verano. Lo que no sabían es que los fondos para el desarrollo profesional se habían recortado, y aparte, no fue capaz de mudarse hasta justo antes del inicio de las clases. El último maestro realmente lo había pasado mal, ya sabe. Muchos padres simplemente se quedaron en el vacío creado tras la dimisión. Incluso después de que se encontrase al nuevo maestro, no se anunció hasta finales de julio porque el presidente del cuerpo docente estaba de vacaciones. Tenemos que examinar realmente la estructura de nuestro comité.

El mismo fenómeno, es decir, el descenso de la matriculación en séptimo grado, obtuvo cuatro respuestas distintas. El administrador utilizó el marco estructural, recurriendo a la forma en la que los comités contratan, despiden e informan. El padre usó el marco simbólico, que nos afecta más de lo que creemos. La asamblea fue un momento crucial para él y quizás para otros padres; una vez que se crea una imagen, ésta persiste, como McDonald's y muchas grandes corporaciones saben. El marco simbólico trabaja más a nivel inconsciente y puede sorprendernos con su fuerza.

El maestro hizo uso del marco de los recursos humanos, ya que ven el problema como una cuestión de personas que interactúan entre sí. Entre los maestros se habla con frecuencia de la dinámica padre/maestro y puede ser la mejor forma de comprender un problema. El miembro del consejo miraba el problema de una forma bastante natural desde el marco político/económico, puesto que ve el asunto como el resultado de unos conflictos de intereses que tienen lugar por medio de los debates relativos al presupuesto. Según este marco, al final hay unos ganadores y unos perdedores, y prevalecerán aquellos que defiendan y construyan coaliciones con éxito. Desde luego, un miembro del consejo podría utilizar el marco de los recursos humanos, al igual que un maestro podría ver las cosas desde una perspectiva política o económica. La cuestión es que las personas han preferido formas de ver el mundo. Lo mejor no es negar estas diferencias sino usarlas de forma constructiva en beneficio de la escuela.

En lugar de tener una conversación a cuatro bandas entre los individuos, un facilitador podría mencionar lo evidente y pedir que cada persona comparta una perspectiva sobre la situación en séptimo grado. Simplemente se requieren diferentes perspectivas para liberar la situación y sacar fuera la dinámica del «yo tengo razón, tú estás equivocado». Una vez que se han compartido las perspectivas (y se podrían esperar más de cuatro), un facilitador habilidoso preguntaría: «¿Qué aprendiste de las otras perspectivas?». Esto hace hincapié en el aprendizaje y el interés, en vez de en la posición y la discusión. Es parte de la naturaleza humana querer aprender y ayudar; las personas se interesan por las personas.

La siguiente etapa del proceso podría ser la de preguntar: «Dado que estamos de acuerdo con el asunto, es decir, que la matriculación en séptimo grado ha descendido, ¿qué hemos aprendido que pueda ayudarnos a aprovechar los talentos representados aquí para aumentar la matriculación?». En este caso, el énfasis se encuentra sobre una base común, ese lugar en el que hay un acuerdo en vez de una disputa. Y, por otro lado, el facilitador está retando al grupo a que utilice sus diferentes marcos para llegar a una solución cooperativa. Por lo general, el grupo va bien en este punto y las soluciones llegan rápida y frenéticamente. «Tengamos una escuela de secundaria justa». «¿Qué hay de la publicidad? Podríamos tener padres que colaboren con cartas al periódico local». «Asegurémonos de incluir unos fondos para el desarrollo profesional en el presupuesto del próximo año». Es sorprendente lo rápido que el grupo se pone de acuerdo en las soluciones de sentido común para el problema, una vez que la energía se ha reorientado y los marcos separados se utilizan como recursos en lugar de obstáculos.

Por último, un paso que se descuida con frecuencia en la euforia de la tormenta de ideas y la sensación de que la reunión fue mejor de lo esperado, el facilitador podría preguntar: «Teniendo en cuenta lo que hemos aprendido, ¿cómo podríamos repetir el proceso para llegar a un lugar mejor la próxima vez?». Este elemento de reflexión se basa en el aprendizaje y aumenta las probabilidades de que aquello por lo que el grupo pasó puede trasladarse a la siguiente situación, que podría ser totalmente diferente, sobre la superficie, a la última. Los maestros trabajan con la transmisión de experiencia en el aula, pero la comunidad de aprendizaje de los adultos suele apresurarse en sus respectivas vidas ajetreadas y se olvida de esta última etapa. Esta «repetición» puede producirse en el grupo y también individualmente, ya que hay lecciones que cada uno podría guardar para un uso futuro. Finalmente, si el aprendizaje es valorado y compartido, los padres, maestros, administradores y miembros del consejo llegan a una etapa de libertad en la que cada miembro puede optar por ver un problema desde un marco u otro, dependiendo de las necesidades de la escuela. Una experiencia maravillosa es oír lo siguiente:

> *De un maestro:*
> Veo cómo esa asamblea del primer día tuvo que ser simbólica para aquellos padres y amigos que aún no habían conocido al nuevo maestro. El personal docente ha examinado la cuestión desde el punto de vista de la dinámica humana, pero ¿hay alguien aquí que nos pueda ayudar con la perspectiva estructural?

> *De un miembro del consejo:*
> Me alegra saber que el cuerpo docente ha trabajado para abordar el problema de séptimo grado. Lo que escucho es algo que no se me había ocurrido. Nuestro administrador se encuentra en una buena posición para ver la capa de los comités escolares. Pidámosle que se una a esta conversación antes de ir más allá.

Se puede dar forma a nuestro lenguaje y actitudes detrás de las palabras que utilizamos simplemente sabiendo que existen diferentes perspectivas. Las personas suelen usar palabras clave o que pueden ser «calientes» para una persona pero no para otra. Esto hace que salten interiormente pequeñas alarmas contra incendios y entonces la gente recurra a un lenguaje y unas formas de conducta negativas. Una vez que hemos realizado el trabajo interior y nuestro lenguaje es al menos neutral, invita a la mejor participación de los demás. Las últimas palabras del miembro del consejo son particularmente reveladoras, puesto que reconoce el hecho de que alguien más pueda hacer mejor algo. Hemos pasado de un mundo egocéntrico a uno en el que hay otras personas que hacen más juntas de lo que puedo hacer yo solo.

Afirmar decisiones

Comprender la importancia de enmarcar las cuestiones nos conduce a mejores formas de tomar decisiones en un entorno grupal. Una decisión es una forma de acción humana libre. Cuando un ser humano busca activamente y entiende un concepto o intuición, aprovechando de esta manera plenamente la conciencia, puede surgir una decisión autosostenible. Los individuos, no los grupos, toman decisiones.[33] ¿De dónde proceden las decisiones? Al menos para mí, tienen una cualidad misteriosa. Es difícil determinar lo que está sucediendo realmente en el momento en el que un individuo toma una decisión. Sin duda hay un importante elemento de preparación, pero también hay un elemento mágico en el segundo en el que uno se da cuenta de la decisión. Hay una cualidad intuitiva para el acto y la intuición se conecta a la voluntad, el aspecto motivador de nuestra constitución. Es como si nos sumergimos en el lago de la decisión y sabemos realmente lo que hemos alcanzado tan solo una fracción de segundo después de salir a la luz. Las decisiones son más grandes y abarcan más de lo que creemos y nuestra consciencia capta solo una parte de lo que en realidad está trabajando en el acto de decidir. Cada persona en un grupo pasa por un proceso ligeramente distinto; una persona, normalmente, *expone* una decisión, y el resto del grupo *reconoce* la validez de ésta y la afirman. En las escuelas y grupos que no entienden la naturaleza de tomar decisiones se produce mucho desconcierto. La culpa, el dolor, el aislamiento y la presión social son el resultado de la incapacidad para percibir lo que está realmente en juego cuando las decisiones están por llegar. Con experiencia a nivel personal en el primero, un maestro o padre puede perder poco a poco la confianza en el grupo, y la comunidad se resiente por ello.

Uno de los grandes mitos que rodea la toma de decisiones en muchas escuelas Waldorf es que el consenso es la única forma de trabajar y que el círculo interior bloquea todas las cosas espirituales. Esto se convierte en una combinación letal que puede crear grupos cerrados que tengan el aura de esoterismo, llegando a ser de este modo inaccesibles, misteriosos y aparentemente superiores. El problema aparece cuando el entorno comunitario observa la cualidad de la toma de decisiones y se da cuenta de que aquellos que participan en el círculo interior son menos que divinos. Una crisis de confianza, como la expulsión del alumno en la escuela de Sarah, suele dar como resultado un doloroso aprendizaje por todos lados. Esos padres y maestros que han pasado por unas cuantas de estas crisis se vuelven más sabios, con el tiempo aprenden a trabajar juntos y ven que es mejor emplear el esfuerzo de las interacciones de todos los adultos que desean servir a los mejores intereses de los niños.

Como hemos visto, también hay víctimas en el camino. Los maestros se cansan de las reuniones interminables y se retiran a sus aulas. Los padres acabaron hartos de las disfunción general que experimentan en la toma de decisiones y la comunicación y, o bien se marchan, o simplemente optan por apoyar a la clase de su hijo y no participan activamente en todos los eventos escolares. En cualquier caso, la escuela pierde recursos humanos vitales. Sugiero que una escuela que busca la renovación dedique un tiempo a observar la naturaleza de la toma de decisiones y a encontrar formas de distinguir entre los tipos de decisiones necesarias en varias situaciones. Por ejemplo, podríamos ver las siguientes posibilidades:

DECISIONES UNILATERALES. Son las que se necesitan cuando hay una emergencia, cuando hay poco tiempo para reunir un grupo, cuando la tarea en cuestión es clara y universalmente conocida.

DECISIONES POR MAYORÍA. Pueden ser de utilidad cuando debe resolverse una cuestión de procedimiento y el grupo no está dispuesto a dedicar tiempo a una cuestión secundaria, como la hora de inicio de una jornada de puertas abiertas. Puede que algunos quieran empezar el domingo a las 13:00 y otros unas horas más tarde. De cualquier forma, el evento podría funcionar bien, y una mayoría simple puede tomar la decisión para que se haga una planificación más importante. Al final, es mejor para la escuela que se tome una decisión en lugar de esperar hasta el último momento y se deje a mucha gente desconcertada o confusa. También es posible que se haga una votación por mayoría cuando el grupo haya dedicado mucho tiempo a un tema y algunos prefieran dejar que un grupo de mandato tome la decisión.

DECISIONES POR MANDATO. Son las que se encomiendan a un grupo más pequeño, que actuará en nombre de todos. Es importante que el *conjunto* del grupo sepa de antemano lo que es el mandato y confíe en el grupo asignado para hacer el trabajo requerido.

DECISIONES POR CONSENSO. Pueden llevar una serie de decisiones individuales a un lugar de reconocimiento mutuo. Este puede ser un momento estimulante en un grupo; hay una sensación de unidad que es valiosa y a veces fugaz, pero merece la pena el esfuerzo con el grupo adecuado. He descubierto que el consenso como forma de tomar decisiones funciona mejor en el siguiente contexto:

- El grupo tiene un conjunto estable de miembros.
- El grupo se reúne regularmente, es decir, una vez a la semana. El ritmo de las reuniones ejerce más influencia de lo que la mayoría se imagina. El ritmo semanal funciona bien con un enfoque altamente consciente y hace falta para apoyar la interconexión necesaria para el consenso en la toma de decisiones. Por tanto, el ciclo de reuniones semanales funciona más con esa parte de nosotros que regresa en plena conciencia con el tiempo, mientras que las reuniones mensuales se conectan más con los ciclos de la fuerza vital que trabajan dentro y alrededor de las personas que participan.
- El grupo no es demasiado grande. Prefiero grupos de cinco a doce personas, pero tengo grupos experimentados de entre dieciocho y veinticuatro integrantes que, en determinadas circunstancias, logran un consenso real.
- Los miembros del grupo están comprometidos con el desarrollo a largo plazo de la escuela o institución.
- Los miembros del grupo comparten unos esfuerzos espirituales comunes.

Esta descripción de consenso de M. Scott Peck describe los delicados matices que conlleva:

El consenso es una decisión de grupo (puede que algunos miembros no consideren que es la mejor decisión, pero que todos pueden sobrellevar, apoyar y comprometerse a no debilitar) a la que se llega sin votar, a través de un proceso por el que los temas están completamente debatidos, todos los miembros sienten que se les ha escuchado adecuadamente, en el que todos tienen el mismo poder y la misma responsabilidad, y los diferentes grados de influencia en virtud de la obstinación o el carisma individual se evitan para que todos estén satisfechos con el proceso. El proceso requiere que los miembros estén presentes y comprometidos emocionalmente; sinceros de una manera afectuosa y de respeto mutuo; sensibles los unos con los otros; que sean desinteresados, desapasionados y capaces de vaciarse a sí mismos; y que posean una conciencia paradójica de lo bello de las personas y el tiempo (entre lo que se incluye saber cuándo la solución es satisfactoria y cuándo es el momento de parar y no reanudar la discusión hasta que el grupo determine una necesidad de revisión).[34]

Una forma de promover la renovación en las escuelas es practicando la honestidad con respecto a las intenciones. ¿Pretendemos ser un grupo del tipo que se describe aquí? Si lo somos, ¿estamos dispuestos entonces a aportar el trabajo necesario? Si no, ¿podemos encontrar alternativas al consenso con las que podamos vivir?

Me molesta cuando no se abordan estas cuestiones y se forma una especie de hipocresía. Tenemos la intención de trabajar con consenso y de evitar cuidadosamente el hecho de que no estamos trabajando sobre una base filosófica común. «Después de todo, todos tenemos derecho a nuestras propias prácticas espirituales». Asimismo, nuestro compromiso con los cambios del grupo depende de las necesidades e intereses personales. Por lo tanto, asisto a algunas reuniones pero no a otras, con la esperanza de expresar independientemente mi opinión. Entonces las escuelas se preguntan por qué no tienen éxito, por qué los salarios son bajos y por qué la educación no es respetada en la comunidad. Desde mi punto de vista, es mejor tener un líder tolerante que unos procesos grupales fraudulentos.

Un fenómeno presente en casi todas las escuelas es que aunque un grupo escolar pueda decir sí al criterio citado, otros, por definición, no pueden. Por ejemplo, la mayoría de grupos de padres no podrán reunirse con la misma regularidad que los maestros, limitarán el tamaño del grupo, contraerán el mismo compromiso y lograrán tal comunidad desde el punto de vista de los esfuerzos espirituales. No obstante, las escuelas necesitan padres activos. Entonces, una pregunta central resultaría ser: ¿Podemos ser lo suficientemente flexibles como seres humanos para adaptar las habilidades de los miembros y los estilos de liderazgo a las necesidades del grupo? En otras palabras, ¿podemos dejar de lado los ideales que no se pueden cumplir por la realidad de las situaciones? Responder con flexibilidad a las necesidades del grupo se convierte en una cuestión de liderazgo colaborativo. Permítame señalar que los grupos mixtos, es decir, grupos de padres, maestros y otras combinaciones, proporcionan un recurso que está lejos de hacerse realidad en la mayoría de escuelas.

Una última reflexión sobre el uso erróneo del consenso: hay ocasiones en las que el intento de consenso, por muy buenas que sean las intenciones, puede tener graves efectos secundarios que suelen pasar desapercibidos en el momento, pero que tienen repercusiones a largo plazo para la salud de la escuela. Debido a que *bloquear* una decisión suele ser socialmente inadmisible o personalmente repulsivo, el efecto puede ser el de acallar las dudas del individuo o expulsarle de la reunión en los canales de comunicación menos productivos. En el peor de los casos, este tipo de mutismo individual lleva a una especie de represión de los verdaderos sentimientos y a la expresión de opiniones opuestas. Como vimos en la historia de Sarah, un maestro que ha sentido la presión social de conformarse puede salir de una reunión con nudos en el estómago y mucho que descargar en casa. Con el paso del tiempo, puede afectar a la salud personal y desgastar la estructura del hogar. Lo que no se trata en la escuela suele trasladarse a casa, erosionando la preparación y, con el tiempo, el matrimonio y la alegría familiar.

Algunos grupos pretenden trabajar por consenso, cuando, de hecho, usan alternativas que están escasamente encubiertas. (He descubierto que esto es cierto en algunas escuelas Waldorf.) He aquí algunos ejemplos:

- Regla de la mayoría. Cuando vemos donde se coloca la mayoría de gente sobre una cuestión específica, forzaremos la decisión mediante el uso del tiempo de aplazamiento o de cualquier otra razón para hacer que la minoría acceda. A menudo, los de la mayoría ni siquiera saben que hubo una postura minoritaria considerable, y que las ideas de esos pocos no fueron capaces de mejorar la voluntad de la mayoría.
- Decisiones unilaterales basadas en una jerarquía tácita. Esta forma de trabajo adopta la forma de tener una discusión hasta que una o dos personas determinadas hablan en voz alta, momento en el que las diferentes perspectivas que había en la sala de pronto se convierten en *una*. El efecto es que algunas personas tienen más influencia que otras. Ser influyente no es necesariamente algo malo, pero cuando se oculta bajo la apariencia del consenso, es una verdadera injusticia social. Sería mucho mejor decir: «Charlaremos sobre este tema hasta que el presidente del colegio mayor o del cuerpo docente considere que tiene suficiente información para tomar una decisión en nombre de todos nosotros».
- Decisiones tomadas por un grupo que no son por mandato, fuera del contexto de las reuniones ordinarias. Esta es la forma que más me exaspera. Hay una reunión general con un debate general sobre un tema. No hay un cierre ni tampoco se indica al final de la reunión lo que va a pasar en la siguiente, pero en la semana intermedia *surge* una decisión. No se menciona que se reunió un pequeño grupo, sin la aprobación del resto, y tomó una decisión. Si la decisión es cuestionada a la mañana siguiente, la respuesta de ese pequeño grupo será: «No estáis siendo de ayuda para vuestros compañeros». ¿Quién no quiere ser de ayuda? De este modo, la cuestión es retorcida; en lugar de ser considerado, y con razón, como una violación grave del proceso grupal, es tergiversado en una cuestión de apoyo. Tras unas pocas experiencias de este tipo, muchos deciden que es mejor no echar más leña al fuego y dicen: «Deja que los otros se encarguen de las cuestiones administrativas». «Me centraré solo en mi enseñanza».

De esta manera, el análisis periódico de como lo está haciendo todo el mundo puede corregir y equilibrar aquello que no está bien. He constatado que los grupos de una escuela deben hacerse responsables los unos de los otros, con unas actas que se difundan libremente. Lo mejor es anotar claramente quién asistió, qué cuestiones se trataron, qué decisiones se tomaron y como, y que puntos se seleccionaron para la actuación, junto con los nombres concretos de las personas que están dispuestas a seguir hasta el final. En la siguiente reunión debe haber un análisis de las decisiones, a la espera de un alto nivel de desempeño. Si se desatienden las tareas reiteradamente, no es una excusa válida decir que no hay suficiente tiempo. Establecer prioridades cada mes es útil para que el grupo tome decisiones a partir de la perspectiva más amplia. Con un cuidado y una atención regular, una escuela puede adoptar formas de tomar decisiones que respeten la realidad de los grupos dentro de la comunidad.

8

LIDERAZGO Y COMUNIDAD

Noches de padres

Hemos vuelto al principio de nuestro viaje hacia la renovación y estamos preparados para impulsar nuestro viaje interior, trabajando con la comunidad más amplia a través del liderazgo. En este capítulo quiero centrarme en los aspectos educativos y de creación de lazos comunitarios de la renovación escolar. Ambos pueden jugar un papel importante.

La mayoría de escuelas tienen noches de padres de uno u otro tipo. Puede que se trate de eventos escolares celebrados en el auditorio o de clases individuales nocturnas organizadas por el maestro de un curso determinado. Estas noches suelen ser informativas, con la intención de compartir información o de describir la escuela o los aspectos del plan de estudios. Por lo general, los maestros están dispuestos a compartir sus conocimientos y experiencias con los padres, y estas clases ayudan a los padres a comprender el plan de estudios, dilucidan aspectos del desarrollo del niño y construyen una base para programas escolares. Cuando se llevan a cabo con éxito, un maestro utilizará anécdotas, humor y una variedad de actividades animadas para captar el interés de los padres. Es también muy importante que los padres identifiquen y apoyen lo que está sucediendo en la clase. De esta forma, podrán hacer un mayor seguimiento en casa y saber cuando y como comunicarse con los maestros. Desde mi experiencia como padre, las clases nocturnas pueden ser tanto divertidas como informativas. No hay dos maestros que hagan las cosas de la misma manera. Todos los padres quieren saber como se relacionan sus hijos con el plan de estudios. También es muy bueno sentarse en una mesa pequeña y hojear la diversidad de documentación oficial y no oficial que hay en ellos.

Cuando una escuela se toma en serio las clases nocturnas e insiste en que los padres asistan o informen a la escuela si no pueden estar presentes, se alivian muchos posibles problemas en la relación entre padres y maestros. Los asuntos que podrían llegar a ser graves se tratan con un grupo pequeño e informal y no en cadenas de teléfono o en los aparcamientos. Un maestro accesible invita a que los padres hagan preguntas y les ayuda a que se sientan seguros. Por encima de todo, un énfasis en las noches de padres basadas en la educación puede llevar las cuestiones de lo personal a una realidad objetiva del plan de estudios apropiado para el desarrollo. La pregunta «¿por qué mi hijo es así?» se convierte en «¿cómo puedo trabajar con el maestro para cumplir con lo que los dos estamos viendo?». La implicación de los padres ha demostrado ser uno de los mejores indicadores de éxito de los alumnos y las noches de padres pueden energizar y orientar a todos.

Otros aspectos de estas noches de padres no suelen estar tan desarrollados como el enfoque basado en el conocimiento. Un ejemplo es lo que yo llamo el aspecto de la creación de lazos comunitarios. Sí, la mayoría de las escuelas ofrecen tentempiés, fomentan las preguntas y entablan una conversación durante las noches de padres, pero eso es solo la punta del-hielo iceberg. Quisiera centrarme en un aspecto mucho más agresivo de la creación de lazos comunitarios. En la antigüedad, los líderes educativos eran sacerdotes y personas de gran autoridad en la sociedad. Por ejemplo, el faraón en el antiguo Egipto tenía una regla absoluta, no solo sobre de las leyes de la tierra sino también en la regulación del trabajo, la construcción y la inundación anual de las tierras alrededor del Nilo. La palabra de un individuo dominaba la vida de millones. Desde luego, hoy en día esto ya ha cambiado y se ha producido una separación entre el liderazgo político, que dispone de una autoridad exterior, y el liderazgo religioso y educativo, que se basa prácticamente en la persuasión de la legitimidad. Los maestros se esfuerzan por ganarse el respeto de la comunidad más amplia, incluso cuando están en clase (sobre todo en los cursos más bajos) suelen ser venerados y respetados como en la antigua cultura eclesiástica. Es el maestro el que domina la riqueza de la historia y los secretos de la ciencia y las matemáticas. El maestro es el que tiene la última palabra tanto en cuestiones de mayor como de menor importancia, desde la respuesta a un problema de multiplicar hasta el permiso de excusarse para ir al servicio. En clase, el maestro es una autoridad y no hay nada malo en ello.

Los problemas surgen cuando esa autoridad regia se ejerce en la relación entre el padre y el maestro. Así es, hay una área en la que el maestro debe ser el que distribuya la sabiduría, comparta el plan de estudios, etc. Sin embargo, para que se produzca la creación de lazos comunitarios, sostengo que se deben explorar otras dimensiones. Cuando el maestro es el *sabio sacerdote* que comparte los elementos del plan de estudios, se encuentra en un modo directivo. Esto funciona para un maestro durante la mayor parte de la jornada escolar. En un encuentro de padres, el papel comprensivo de un maestro en lugar del directivo puede otorgar un equilibrio y mejorar la calidad del trabajo en grupo. Por «comprensivo» me refiero a fomentar la participación, responder a preguntas, parafrasear lo que se ha dicho, pedir que los demás comenten, etc. Estas técnicas de comunicación atraen a los padres y aseguran que se dice lo que debe decirse en la reunión o posteriormente en una conversación privada, en vez de hacerlo en otro lugar. En una noche de padres exitosa, un maestro equilibra la dirección y el apoyo.

Muchos de los colegas de Sarah trabajaron muy duro en la preparación de lecciones estimulantes para sus alumnos y disfrutaron llevando el timón de sus clases durante el día. Pero cuando se reunían como compañeros, algunas veces era como si el barco tuviese demasiados capitanes y pocos marineros. La benevolencia solía llevarles a problemas entre ellos. Siempre trataban de aceptarse y apoyarse entre ellos lo mejor que podían. Pero este mismo enfoque no funcionaba tan bien con los padres, que necesitaban más de lo que los maestros parecían ser capaces de ofrecer. En una clase nocturna, los compañeros de Sarah no dejaron de hablar durante más de una hora sobre el plan de estudios y las cosas maravillosas que los alumnos estaban haciendo en la escuela.

Los maestros también eran firmes defensores de los valores sociales, como limitar ver la televisión. El problema, sobre todo en ausencia de Sarah, fue que se dieron demasiadas indicaciones a los padres y poco tiempo para procesar lo que estaban escuchando.

Una habilidad que he encontrado sumamente útil es la de combinar la indagación y la defensa. La figura de autoridad suele ser buena en la defensa: «Permítanme que les cuente todas las cosas maravillosas que estamos haciendo en la escuela y la cantidad de tiempo y esfuerzo que hemos puesto en nuestro trabajo». De este modo, los padres escuchan (se espera que con respeto) pero están absorbiendo más que procesando. Como sucede con la nutrición, una ingestión de alimentos sin digestión puede causar problemas. He observado que los síntomas de un exceso de energía directiva son estos:

- Absentismo. «Hemos escuchado suficiente». Este tipo de padres acostumbran a evitar las clases nocturnas o, a veces, solo asiste uno de los padres con una sensación de obligación.
- Juicios internos sobre lo que es aceptable y lo que no desde el punto de vista de compartir opiniones y preguntas. «Está claro que este maestro tiene unos puntos de vista firmes; puede que sea mejor que no eche más leña al fuego ni ponga en peligro la posición de mi hijo por cruzar esa línea».
- Pasividad. «Yo estaré ahí, pero no quiero que me pidáis demasiado. Si hago algo para la clase o la escuela, voy a optar por cosas seguras, como hacer galletas o conducir en una excursión. Lo mejor es evitar decir lo que pienso y lo que siento porque no estoy seguro de como se lo tomarán. Por lo general, permaneceré pasivo».
- Hacer la distinción entre la buena relación con el maestro y la aceptación de la filosofía de la escuela en su conjunto. «Mi hijo es feliz y seguro aquí, pero como no he procesado completamente y, por tanto, no he entendido todo lo que se dice sobre el plan de estudios, dejaré que esté y simplemente seré un padre servicial». Según mi experiencia, existe un gran problema en algunas escuelas independientes. Es posible que los padres apoyen actividades

específicas de la clase de su hijo pero no de toda la escuela. Sin una visión común, es difícil tener una comunidad escolar *completa*.
- Conflicto entre madres y padres, con frecuencia entre los que asisten a las clases nocturnas y los que no lo hacen. Para los que no suelen asistir, algunas primeras impresiones adoptan una importancia excesiva y, de esta forma, se agranda la brecha de comunicación entre la madre y el padre, entre los padres y la escuela.
- Por último, cuando la cultura eclesiástica es demasiado fuerte en una escuela, se tiende a ver la implicación de los padres en unas determinadas clases, pero no en proyectos escolares o en campañas de captación de fondos. Es necesaria la comunidad para que los lazos se materialicen.

En lugar de practicar simplemente la defensa, una buena mezcla de indagación puede ser crucial. Para indagar hay que preguntar, responder, sondear, investigar, mostrar curiosidad y no dejar de aprender. Las preguntas principales son las siguientes: ¿Qué piensa? ¿Qué estaba pasando según usted? ¿Cuál fue su experiencia? ¿Cómo ocurrió eso? En este tipo de compromiso, a uno se le pregunta para aplazar el dictamen, evitar interferencias, examinar conjeturas, ser autorreflexivo, arriesgarse y buscar un significado más profundo. Los maestros y los padres se pueden beneficiar de este tipo de indagación.

En nuestro Programa de Liderazgo Colaborativo en Antioch, utilizamos un ejercicio de formación para aprender a equilibrar la indagación y la defensa. Con un facilitador habilidoso, puede tener este aspecto:

- Se forman grupos de cinco o seis personas.
- Se elige a una persona como representante (alguien que quiera trabajar en un asunto con el grupo). Un ejemplo sería ver como aumenta el nivel de confianza dentro de la comunidad escolar.
- El grupo participa en un proceso de indagación solamente preguntando, no identificando. El representante puede responder verbalmente.

- Se pide a todo el mundo que pare y que los miembros de cada grupo anoten sus conjeturas: ¿Cuáles son las conjeturas que tienen sobre lo que están escuchando y experimentando?
- El grupo continúa con la indagación mientras que aplazan las suposiciones. En esta etapa, el representante no responde verbalmente. Puede que le pida otro miembro del grupo que tome las notas, para así poder prestar toda la atención al grupo.
- El grupo comienza ahora la defensa. Participa solamente en la defensa, manifestando sus puntos de vista o aconsejando. El representante puede responder verbalmente pero debe escuchar con atención lo que se está ofreciendo.
- El grupo ahora trata de equilibrar la indagación con la defensa, con la participación de todos.
- El grupo puede concluir con la revisión del ejercicio, todos juntos.

He encontrado este ejercicio exigente a la vez que transformador en muchos marcos diferentes. La gente ve las cosas de manera diferente y usa nuevas aptitudes. La creación de lazos comunitarios se produce ante sus propios ojos. Un equilibrio entre la indagación y la defensa puede tener los siguientes efectos:

- Apoyo individual y aprendizaje en grupo.
- Crea una comunicación abierta.
- Nos enseña a posponer las decisiones.
- Se aclara nuestro propio significado y el de los demás.
- Ayuda a que la gente vaya más allá de su comprensión individual.
- Nos permite cambiar nuestros modelos mentales.
- Deja que los individuos y las organizaciones logren un alto nivel de creatividad.

Facilitación

He asistido a muchas reuniones a lo largo de los años, a demasiadas de hecho. Algunas merecieron la pena, otras parecieron tener lugar porque era lo que se debía hacer en una fecha y una hora designada.

Una vez que conceda un espacio para una reunión, ese espacio se llenará. Por esta razón, casi nunca tengo simpatía por aquellos que quieren más tiempo para reuniones con el fin de solucionar problemas. Las personas aprenden y encuentran un estímulo en el marco de un grupo, pero las reuniones por sí solas nunca podrán reemplazar la labor de transformación personal que realmente mueve el orden del día.

Sin duda, la forma en que se lleva a cabo una reunión depende mucho del liderazgo de los responsables. Este liderazgo adopta muchas formas, como la presidencia, el levantamiento de acta o la facilitación. Cuando estoy en una reunión que está presidida, experimento la personalidad y las intenciones humanas del presidente desde el punto de vista del orden del día y de como se conduce al grupo a través de los asuntos. Un presidente suele ser *directivo* en el sentido descrito anteriormente. Existen unos objetivos específicos que deben cumplirse y el presidente trata de desplazar al grupo, a veces por medio de la persuasión, a veces a través de la fuerza de la personalidad. Por lo general, un presidente es el centro de atención y se sienta en una posición central con una autoridad clara para el desarrollo de la reunión. Un facilitador es alguien que, más que dirigir el proceso, contribuye a él y tiene una forma de trabajar diferente.

Hay una gran cantidad de bibliografía sobre la facilitación, por lo que simplemente destacaré algunas técnicas de gran utilidad y la importancia de una facilitación cualificada para mantener la salud de los grupos dentro de una escuela. «Un facilitador ayuda a que el grupo se dé cuenta de que los acuerdos sostenibles se construyen sobre una base de entendimiento mutuo».[35] De este modo, el facilitador ayuda a que las personas aprendan y se esfuercen en la idea de que no podrían conseguirlo por separado. En la búsqueda del entendimiento mutuo, el facilitador fomenta la plena participación, promueve las soluciones inclusivas y ayuda a crear un ambiente en el que las personas puedan desarrollar nuevas habilidades de pensamiento y asuman riesgos en favor de la escuela.

La mayoría de los grupos se basan en suposiciones sobre lo que es aceptable y lo que no, desde el punto de vista de las nuevas ideas y la asunción de riesgos. Al explorar estas suposiciones, siempre me sorprende lo restrictivas que son las personas en lo que creen que será o no aceptado en un grupo. En otras palabras, ellos mismos se encierran en bandas estrechas de comunicación aceptable, límites que son autoimpuestos por viejas costumbres en las interacciones humanas. Un facilitador, por medio de la práctica del arte del proceso grupal, amplia o extiende los límites (véase la ilustración) y ayuda a que los miembros indaguen aún más y lleguen más lejos a través de medidas tales como:

Paráfrasis. En esencia, es una habilidad para escuchar en la que el facilitador utiliza sus propias palabras para decir lo que se acaba de decir. Esto confirma las ideas esenciales, apoya al orador y mantiene el debate sobre el tema en cuestión.

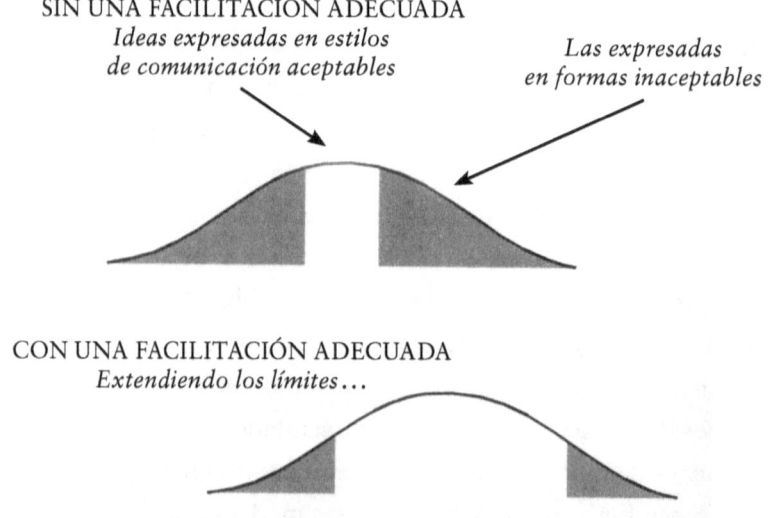

- Atraer a la gente. Aquí el facilitador ofrece un estímulo al miembro para que exprese su opinión antes de necesitar una decisión. Con frecuencia, algunos miembros se contienen demasiado y luego tardan tanto en hablar que parece que están retrasando la decisión. Un buen facilitador se dará cuenta de esto y atraerá desde el principio a los miembros silenciosos. Además, hay veces en las que el facilitador sabe que la información clave no se encuentra sobre

la mesa. Es esencial que la información esté disponible desde el principio para todo el mundo.
- Imitación. Más precisa que la paráfrasis, esta técnica captura las palabras exactas del orador. Si algunos miembros no han estado atentos o se debe abordar una cuestión o pregunta clave, la imitación puede ayudar a garantizar que todo el mundo se encuentre en la misma página.
- Recopilación de ideas. Este método se utiliza en grupos grandes y en conferencias, y ayuda a que la gente se centre en la tarea y participe. No obstante, considero que se utiliza en exceso y puede provocar una indigestión. Se ha utilizado mucho desde el punto de vista de la tormenta de ideas y, al final, los miembros se preguntan: «¿Qué sucede ahora?». La respuesta pobre es que el material se cotejará, se levantarán las actas, etc. hasta que nadie oiga nada más sobre ello. Una digestión saludable requiere tiempo tanto para procesar como para consumir.
- Apilado. Este método adopta la forma de una delicatessen, donde se asignan números a las muchas personas que quieren hablar, luego son libres de relajar las manos y la mente y escuchar a los que hablan, con la seguridad de que todos tendrán su turno. Esta técnica funciona en grupos de gran tamaño, pero si se utiliza exclusivamente, puede limitar una conversación real (el intercambio bidireccional de ideas en el que se desarrolla un nuevo pensamiento). Se trata de una técnica de facilitación *segura* que se utiliza cuando el facilitador teme perder el control o no poder conocer a todos los miembros.
- Seguimiento. Todos hemos participado en debates en los que parece que se están tratando varios temas al mismo tiempo y los miembros se confunden sobre el tema en cuestión. Con este método, el facilitador nombra los diferentes temas de conversación, decide seguir uno durante un periodo determinado de tiempo y promete ocuparse después de los otros. Esto ayuda a que los miembros se dediquen por completo a un tema.
- Fomento. Esta técnica habla por sí misma.

- Equilibrio. Éste es un método que me gustaría que se utilizase más en los grupos de debate escolares. Un facilitador usa el equilibrio cuando saca el punto de vista opuesto. Steiner dijo en una ocasión que si una cosa es verdadera, lo contrario también ha de serlo. Examinar las cosas desde varios puntos de vista es una disciplina excelente. Los grupos asumen, con demasiada frecuencia, que el motivo principal de la reunión es llegar a un acuerdo, cuanto antes mejor (si llegamos a un acuerdo bajo mis propios términos, mucho mejor). La prisa por llegar a un acuerdo inhibe la exploración a fondo y bloquea las posibles inspiraciones. Además, cuando los grupos se precipitan a llegar a un acuerdo, la fuerza posicional tiene mayor influencia que la fuerza perspicaz. Los que tienen cargos y autoridad formal tienen más influencia, a pesar de que la idea más útil podría venir de la persona más improbable. Un facilitador puede ayudar extrayendo unos puntos de vista opuestos con un lenguaje neutral. «¿Podría definir alguien el punto de vista opuesto?» o «¿hemos considerado este tema desde todos los puntos de vista?». Si esto se hace antes de que se tome una decisión, el grupo se encuentra anticipando objeciones y preguntas que provendrían de los miembros de la comunidad. Al equilibrar los puntos de vista mientras las cuestiones se encuentran todavía en el grupo, las cosas se pueden resolver de manera constructiva en lugar de, posteriormente, a la defensiva.

- Silencio intencionado. Esta es una técnica que los cuáqueros (Sociedad Religiosa de los Amigos) han utilizado de manera eficaz durante años. El silencio permite que las personas indaguen con mayor profundidad. Un buen facilitador permitirá que esto suceda. Hace poco asistí a una boda cuáquera en la que experimenté la belleza del silencio intencional. La gente hablaba cuando se desplazaba y, sin embargo, los espacios eran más elocuentes incluso. El silencio honraba mis propios procesos interiores y me ayudaba a permanecer centrado y en paz conmigo mismo. El silencio me ayuda a crecer, mientras que hablar demasiado reduce mis recursos interiores. Un facilitador puede aprovechar más sus

posibilidades cuando se guarda silencio a la hora de trabajar en un grupo.
- Por último, un facilitador trata de escuchar sobre una base común. ¿Hay algún área en la que estemos de acuerdo? ¿Por qué no dejar de lado algunas de las pequeñas diferencias y articular lo que parece ser una base común? No se puede resolver todo al mismo tiempo. Pienso que lo mejor para un grupo escolar es encontrar una base común y avanzar, en lugar de titubear durante semanas porque algunas personas tengan problemas con unos cuantos aspectos. Haga lo que se pueda hacer y la acción le dará una fuerza renovada para afrontar los retos del futuro.[36]

He observado que muchas escuelas elijen a moderadores, no a facilitadores. Como mencioné anteriormente, presidir una reunión es mucho más *directivo,* da una mayor sensación de junta corporativa. El moderador suele ser el que tiene mayor autoridad formal, lo cual impide el auténtico diálogo. Sugiero que si una escuela tiene que elegir a un moderador para representar el trabajo a la comunidad en general, entonces se deben facilitar las conversaciones internas. Esto requiere formación, pero es algo que cualquier padre o maestro puede aprender. He disfrutado muchísimo algunas de mis sesiones en Antioch, donde casi cualquier persona puede ofrecerse para facilitar una reunión. Esto otorga a la organización una gran flexibilidad en la gestión de los recursos humanos. Como sucede con el sistema respiratorio en el ser humano, la facilitación mejora el movimiento a través de la ingesta de los alimentos necesarios. Una reunión bien facilitada puede ser como un concierto; uno se marcha sintiéndose satisfecho y renovado.

Liderazgo

Cualquier persona que asuma la responsabilidad de una tarea puede ejercer un liderazgo. Esto significa que, en una escuela, cada adulto es virtualmente un líder. Esto tiene que articularse en la estructura orgánica de la escuela y comunicarse como una invitación a la iniciativa. En lugar de hacer demasiado hincapié en una única persona, ya sea el director o el presidente del cuerpo docente, esta definición de liderazgo genera la posibilidad de una verdadera colaboración, un tema que desarrollo al final de este capítulo. En primer lugar, quisiera describir dos aspectos menos positivos de liderazgo que se encuentran en muchas escuelas, aspectos que en muchos casos frenan el desarrollo orgánico y las fuerzas de la renovación.

El líder reacio

Probablemente todos hemos estado ahí. Se trata de una reunión en la que se ha debatido mucho, y ahora, hacia el final de la tarde, está claro que alguien tiene que asumir la tarea que se ha articulado con tanta asiduidad. Hay silencio. Los ojos comienzan a desplazarse furtivamente por la sala. En la expectante pausa, muchas preguntas y comentarios revolotean por las cabezas de los presentes: ¿Quién asumirá esto? ¿Quién es aceptable? ¡No es éste ni éste! ¿Qué puedo decir para influir en el resultado? Mi plato está lleno. ¿Quién va a hablar primero? Entonces alguien menciona un nombre y todos los ojos se mueven en consecuencia. Tal vez se den unos cuantos nombres más. Luego, quizás con más o menos debate, se le pide, engatusa y persuade a una persona para que asuma la tarea. Alguien acaba asumiéndola, a veces de mala gana.

Esta historia se repite, con algunas variaciones, una y otra vez. Aquellos que asumen los papeles de liderazgo suelen estar indecisos. ¿Por qué? Tenemos muchas personas talentosas en nuestras escuelas que quieren prestar un servicio, y algunas incluso tienen ganas de asumir un papel de liderazgo. ¿Por qué tanta reticencia e indecisión? En parte, es el proceso. La selección de un gran grupo con el candidato presente es un formato complicado, uno que no siempre fomenta la iniciativa. No obstante, también hay otras razones.

Muchos adultos de nuestras escuelas crecieron como parte de una generación que fue antisistema, antiguerra y, en cierto modo, antiliderazgo (tan visible al menos en la política). Tienen las imágenes de liderazgo del método militar de *mando y control*, incluyendo los dictadores del tercer mundo. Fuera de esta mentalidad, hoy en día muchos adultos han rechazado el liderazgo que se invierte en el individuo y tienen una fuerte preferencia por trabajar dentro de los grupos. Existe una seguridad, un anonimato y una moderación en los grupos. Teniendo en cuenta estos puntos de vista inamovibles y obsoletos sobre el liderazgo, muchos prefieren el desorden de las escuelas sin líder y las reuniones interminables a los rigores de reinventarse actitudes hacia el liderazgo.

Otra causa, con frecuencia más tangible, de vacilación en el liderazgo es el fenómeno de un liderazgo sin apoyo. Todo el mundo puede acordarse de cuando alguien asumió una tarea y trabajó duro en ella, solo para hacerla añicos cuando se llevó de nuevo al grupo. Mucha gente prefiere evitar asumir papeles de liderazgo pero se reservan el derecho a criticar, alterar o cambiar lo que otra persona ha hecho. Surge una especie de tiranía de la mayoría en la que nadie se atreve a salirse demasiado de la opinión percibida por la mayoría.

Una consecuencia es que las personas son más reacias que nunca a asumir los papeles de liderazgo; los que lo hacen tienen miedo a correr riesgos. Como sucede con cualquier organización que no se arriesga, esta escuela entorpece el crecimiento y puede estancarse con facilidad. Puedo oler este tipo de estancamiento unas horas después de estar en una escuela. Es posible que una escuela estancada esté en buenas condiciones, que las aulas estén ordenadas y que los maestros hagan bien su trabajo. Pero el estancamiento se arrastra por debajo de la puerta, a través en los pasillos y en todos los encuentros de los adultos. Se trata de una escuela en la que la forma y la estructura son más grandes que el puro entusiasmo, en la que la regla no escrita es que «nosotros hacemos las cosas de esta manera». La gente hace lo que se le pide, pero no mucho más. La participación en los eventos voluntarios es mínima y los papeles están bien establecidos. Aunque los cargos y los comités cambien de cara al público, en una escuela estancada encontramos que, básicamente, las mismas personas tienen el control año tras año. Los patrones de comportamiento están arraigados. Siguiendo las reglas de Darwin, en un proceso de selección natural solo aquellos que encajan se sienten atraídos por la estructura de liderazgo de la escuela y el resto desaparece finalmente, abandonándola o siendo marginados. En la práctica, lo último es evidente cuando un maestro o un padre marginado dice algo y la reunión continúa como si esa persona fuese invisible.

Cuando estuve dirigiendo un taller en una escuela pública en Maine hace algunos años, me sorprendió la falta de respuesta del grupo. No lograba conectar, eran demasiado pasivos. Tras una hora, alguien abandonó la reunión y el grupo cobró vida. ¡Eran auténticos maestros! Hacían preguntas, planteaban cuestiones y participaban en la solución creativa de problemas. Más tarde pregunté por qué habían cambiado de forma tan radical y me dijeron: «Cuando Jack se marchó de la sala fuimos libres para ser nosotros mismos». Resultó que Jack había sido el director durante muchos años. Su estilo de liderazgo ineficaz poco a poco había desalentado la iniciativa en toda la escuela. Todo el mundo estaba esperando su jubilación.

Como civilización, con frecuencia somos francos, y con razón, sobre los crímenes cometidos en los países del tercer mundo, las personas sin hogar y la violencia juvenil, ¿pero quién está preparado para hablar por las muchas escuelas que son disfuncionales? Muchas de las organizaciones que podrían servir como fuentes de renovación en nuestras comunidades son baluartes estancados de la misma institución que muchos pretenden rechazar. Nuestras instituciones se vuelven cada vez más conservadoras con el paso del tiempo; por «conservadoras» me refiero a quedarse con lo que ha funcionado mejor en el pasado o lo que requiere el menor esfuerzo en el presente. Un maestro que pudiese haber sido activo y reformista al empezar a enseñar podría llegar a hacer hincapié, con el tiempo, en lo que mantiene el control y la armonía. Acaba por gustarnos hacer lo que siempre hemos hecho, siguiendo los caminos muy trillados en lugar de abrir unos nuevos. No es de extrañar que tengamos líderes reacios en ambiente conservador, con frecuencia estancado.

El voluntario

Al final de una reunión del consejo, el moderador pregunta si hay alguien que pueda ser el maestro de ceremonias en la reunión de toda la escuela. En una escuela Waldorf, este tipo de evento se produce al menos una vez al año y brinda una oportunidad para los informes, la orientación, las preguntas y los debates sobre cuestiones de la escuela. Casi todos los presentes en la sala saben que este será un evento comunitario complicado, uno que requerirá un líder con una disposición alegre y una destreza considerable en la facilitación (alguien que sea bueno calmando los ánimos) Algunos padres se presentan voluntarios, y todos se quejan interiormente. Esta es la persona menos apropiada para la tarea. Ella es muy desorganizada y, sin embargo, le gusta estar en el centro de todo. Hay silencio. El moderador pregunta: «Entonces, supongo que estamos todos listos, ¿no?». Más silencio. Los padres asienten y la reunión de la escuela tiene un comienzo dudoso. De hecho, en los días posteriores regresa una pizca de cordura mediante mucho maniobrar entre bastidores. Finalmente, se comparte el papel de maestro de ceremonias y la escuela ha aprendido a sortear los problemas.

Lo que no se produjo, ni en la reunión del consejo ni en los días siguientes, fue una conversación sincera con el voluntario. El propio consejo no tuvo forma de lidiar con el voluntariado. Nadie quería enfrentarse a la persona en cuestión y, de esta manera, toda la escuela tuvo que absorber el asunto. Porque estamos agradecidos siempre que alguien va a hacer el trabajo de forma gratuita y porque las necesidades de una escuela son demasiado grandes, a menudo no logramos disponer de la misma claridad acerca de los papeles y las responsabilidades que tenemos en la contratación. Luego tenemos personas buenas que acaban sufriendo el mal moderno llamado «ambigüedad de límites». Los voluntarios pueden quedarse pensando: «¿Dónde acaba mi tarea y cómo evito invadir el terreno de otros?». Esta falta de claridad conduce a una frustración y a una futura menor disposición del voluntariado. Los voluntarios tienen la necesidad de ver respuestas concretas a las iniciativas, o de lo contrario no querrán volver a donar su tiempo. Un padre me dijo: «Nunca volveré a prestar mis servicios en el comité de matriculación (del consejo). Cada vez que se nos ocurría una nueva idea, la enviaban al personal docente y la modificaban. Cuando volvía al comité, no se parecía en nada al impulso original.

Pero luego nos querían para poner en marcha un plan que ninguno de nosotros podía identificar».

Esta cuestión de voluntariado tiene un aspecto interno que informa de las realidades exteriores que se representan una y otra vez en nuestras reuniones. Las personas que se congregan en torno a las escuelas traen consigo una variedad de talento, de cosas que han conseguido en la vida, pero sé que la mayoría de estas personas tienen el profundo deseo de desarrollar nuevas capacidades. Esto último es lo que suele hablar con más fuerza en una reunión escolar. Es como si una voz interior dijese: «Ofrécete voluntario por lo que aspiras a convertirte, para así desarrollarte como ser humano». En lugar de escoger una tarea basada en logros previos, muchos adultos se presentan voluntarios a trabajos para los que son menos aptos. La escuela acaba con las personas de buen corazón que se han ofrecido para las tareas equivocadas, aquellas que son menos capaces de realizar. Después, la comunidad tiene que cargar con las consecuencias.

Los voluntarios son imprescindibles para las escuelas, pero necesitan ser dirigidos; las normas profesionales son tan importantes como los empleados. Si no es así, los propios voluntarios terminarán quemados por la frustración y la escuela tendrá que contratar a gente para las tareas que los padres voluntarios podrían haber hecho. Las normas profesionales incluyen un sentido común básico a la hora de escoger un líder: una clara descripción del trabajo, un debate relativo a la cualificación deseada, un proceso de selección en el que se solicitan varios nombres y un comité para identificarlos y hacer una recomendación al consejo u otro grupo decisorio. Las normas profesionales engloban también unos comentarios durante el proceso y una celebración, o al menos un reconocimiento, por un trabajo bien hecho. La libre donación de tiempo debe ser respetada a lo largo de todo este proceso. En cada etapa es bueno pedir la reafirmación del compromiso de tiempo, lo que también abre la puerta a la aclaración de límites. Es de gran utilidad que después se lleve a cabo un análisis, para que así los que toman la decisión puedan hacerlo aún mejor en el siguiente proceso de selección. De esta forma, una escuela se convierte en una organización de aprendizaje no solo para nuestros hijos sino para todos los que colaboran.

El dictador encubierto

Algunas personas tolerarían una dictadura absoluta. Se trata de la anatema a una sociedad democrática. Sin embargo, con tan solo una pequeña alteración por guardar las apariencias, he encontrado dictadores merodeando en los pasillos de nuestras escuelas. Es arriesgado caracterizar solamente algunos aspectos de la dictadura, ya que son muchos. Por mi experiencia tanto en escuelas públicas como independientes, el dictador encubierto es, por lo general, alguien que ha rechazado los papeles más formales de liderazgo en los últimos años o se ha quedado con los pocos que han funcionado bien en el pasado. El dictador encubierto suele ser un maestro veterano que ejerce autoridad más allá de su papel actual como maestro. La fuerza de la posición de dictador no se manifiesta tanto en lo que dice en las reuniones sino en lo que sucede después de ellas. Misteriosamente, lo que se discutió de una forma termina poniéndose en marcha de otra. Frases, e incluso párrafos enteros, se esfuman de las cartas destinadas a la comunidad o, en su defecto, se coloca un añadido fundamental en la carta que de alguna manera cambia todo el enfoque. Por supuesto, un dictador encubierto hablará en las reuniones, pero, por lo general, lo hará hacia el final del debate y de una manera que lleve las cuestiones a una conclusión abrupta.

Este tipo de dictador también puede ser un presidente de un consejo escolar o un donante importante de una escuela privada que posee una influencia extraordinaria y no teme ejercerla. Conocí al presidente de un consejo que era bastante agradable en las reuniones (y de hecho dirigía un consejo eficaz) solo para ir por los pasillos a la semana siguiente captando a las personas clave y ejerciendo una presión sutil. En este caso, era alguien que tenía una autoridad que sobrepasaba su papel formal, una influencia que era superior a la que tenía la escuela.

Un antídoto para la dictadura encubierta en nuestras escuelas es empezar a apoyar el liderazgo situacional, mediante la creación de una cultura que permita el liderazgo cuando es necesaria una persona con un talento o capacidad determinada. No todos podemos hacer las mismas cosas y cuando apoyamos esas diferencias, e incluso nos alegramos por los talentos de los demás, empezamos a romper los viejos patrones que sostienen la dictadura. Es posible que el dictador sepa mejor que cualquier otra persona como aprovecharse del sistema. Cambie las reglas, introduzca una nueva dinámica, y el dictador perderá poder. No existe mejor antídoto para el estancamiento y la dictadura que el liderazgo colaborativo.

Cuando esto no es del todo posible, sugiero simplemente que diga que lo observa. Esto podría significar asumir un riesgo esporádico al afirmar lo que el resto está experimentando, como: «Al parecer el grupo ha aceptado el punto de vista de Janet. Si es así, y no hace falta más debate, debemos reconocer eso y seguir adelante». Poco a poco, con el paso del tiempo, puede que otros miembros del grupo se armen de valor y se enfrenten al dictador encubierto, que es posible que no se encuentre del todo a gusto con sus patrones de conducta.

El líder sirviente

En su libro *The Journey to the East* (publicado en español como «Viaje a Oriente»), Hermann Hesse cuenta la historia de una peregrinación emprendida por una organización secreta llamada la «Liga». El sirviente Leo, que acompaña a la caravana, es descrito de esta manera:

> Leo ayudaba a llevar las maletas y, a veces, se encargaba del servicio personal del Orador. Este hombre de gran sinceridad tenía algo tan agradable, tan discretamente entrañable que todo el mundo lo quería. Hacía su trabajo con alegría, normalmente cantaba o silbaba cuando caminaba, nunca se le veía excepto cuando era necesario (es decir, un sirviente ideal). Además, atraía a todos los animales. Casi siempre teníamos algún que otro perro con nosotros, que se nos unía debido a Leo. Podía domesticar las aves y atraer a las mariposas. Su deseo era la llave de Salomón, que le permitiría entender el lenguaje de las aves.[37]

Más adelante, el narrador, uno de los peregrinos del viaje, mantiene una conversación con Leo en la que discuten como los artistas suelen aparecer solo medio vivos mientras que sus creaciones parecen crecer en importancia y vitalidad con el tiempo. Leo dice entonces:

> «Es lo mismo que con las madres. Cuando han dado a luz a sus hijos y les han dado su leche, su belleza y su fuerza, ellas mismas se vuelven insignificantes y nadie pregunta más acerca de ellas».
>
> «Pero eso es triste», dije sin pensar mucho en ello.
>
> «No creo que sea más triste que el resto de cosas», dijo Leo. «Tal vez sea triste y, al mismo tiempo, también bello. La ley decreta que deba ser así».
>
> «¿La ley?», pregunté con curiosidad. «¿Cuál es esa ley, Leo?».
>
> «Es la ley del servicio. El que desea vivir mucho debe servir, pero el que desea gobernar no vive mucho».[38]

En un punto del viaje, Leo desaparece. Como consecuencia, el narrador, incapaz de encontrarlo de nuevo, se separa y se pasa años en la extrema miseria y dudando de sí mismo. Finalmente, encuentra a Leo por accidente, entabla una extraña conversación, escribe una apasionada carta y, al final, termina siguiendo a Leo a una reunión de la Liga:

> Y de nuevo, como hice muchos años atrás cuando lo contemplé y la forma en que caminaba, tuve que admirarle como un sirviente bueno y perfecto. Andaba por los caminos delante de mí, con agilidad y paciencia, indicando la dirección: era el guía perfecto, el sirviente perfecto en su tarea.[39]

Al final del libro, el narrador descubre que Leo es en realidad el presidente de la Liga (la organización de liderazgo) y que el viaje era tan importante como la meta. El fracaso no fue por parte de la Liga sino por parte del narrador, que no fue capaz de seguirlo. Desde el punto de vista de Hesse, el auténtico liderazgo es un servicio y servir quiere decir hacer uso del conocimiento de uno mismo.

En los fragmentos citados, encontramos muchas ideas para el concepto de liderazgo sirviente. Considero muy interesante la descripción de Leo, así como su habilidad para trabajar con alegría, para estar ahí solo cuando se le necesita y para actuar de guía con el fin de ayudar a encontrar el camino. Toda la discusión sobre el arte y la creación de nueva vida es fascinante. Como una madre o padre con unos hijos que bien pueden crecer hasta ser mucho más que sus padres, el líder es un artista cuya obra es más importante que la propia posición. Cuando se trata del liderazgo en nuestras escuelas, estas ideas son el puente entre la dictadura y la anarquía acéfala. Sí, necesitamos líderes, pero están ahí para servir, no para mandar. Y el mejor guía recorre un sendero que conduce a algo más grande, una visión que puede acoger todo.

Robert Greenleaf, autor de numerosos libros sobre el liderazgo, habla sobre el tipo de participación que puede generar una visión común:

> «¿Puede aceptar el líder que el rendimiento óptimo dependa, entre otras cosas, de la existencia de una potente visión común que se desarrolla a través de una amplia participación en la que el líder principal contribuye, pero no puede determinar el uso de autoridad?... La creación de una visión común es una de esas cosas que solo ocurren cuando se manifiesta regularmente un auténtico respeto por las personas, por todas ellas».[40]

Este lenguaje puede ser persuasivo y muchos lectores podrían estar de acuerdo. El problema es que muchas de nuestras escuelas se basan en el principio de autoridad, que pertenece justamente a la relación maestro-niño pero que a veces no tiene cabida en la comunidad adulta. Cuando se trata de crear una comunidad en torno a una visión común, ninguna persona, fundador o filósofo tiene los derechos exclusivos de esa visión. Atrás quedaron los días en los que la educación y el misterio de la enseñanza se reservaban para unos pocos elegidos (véase más adelante La nueva comunidad). Todo aquel que verdaderamente lo busca, lo puede encontrar. Cuando las escuelas intentan convertirse en una comunidad de adultos, la participación es como la savia de un arce de Nueva Inglaterra. Puede tener fluctuaciones, pero su movimiento es la vida del árbol. Cortar ese flujo es asumir el proceso de muerte. Dados los nutrientes adecuados (una cultura de confianza), la vida de una escuela puede prosperar.

Liderazgo colaborativo

Si cada adulto de una escuela que asume la responsabilidad de una tarea es un posible líder sirviente, la cuestión crucial es cómo podemos trabajar mejor juntos. Comencemos con ejemplos de importantes desafíos. Casi todos los maestros están preparados para trabajar con el plan de estudios, comprender el desarrollo infantil y disfrutar respaldando el proceso de aprendizaje de sus alumnos. Están menos formados o preparados en cuanto a la facilitación de reuniones, la resolución de conflictos y la comunicación con los padres o la administración. Como vimos en la historia de Sarah, el «otro lado» de la vida escolar puede ser abrumador, incluso para aquellos que están cualificados. Los padres aportan una valiosa experiencia vital y profesional pero, con frecuencia, poca experiencia con la administración escolar. Así que tenemos dos grupos de adultos (maestros y padres) que aúnan esfuerzos por los niños, pero que tienen escasa preparación para el trabajo de la escuela. Aunque a veces las cosas salen asombrosamente bien, debido a la benevolencia y el compromiso de todos los involucrados, no deberíamos sorprendernos cuando las cosas enloquecen como consecuencia de los diversos antecedentes de los que están llamados a trabajar en nombre de una escuela. Es como si pidiésemos a un electricista que cultive verduras o a un dentista que pinte retratos. En ocasiones, los padres y maestros tienen la intención de realizar tareas para las que no están lo suficientemente preparados.

En lugar de rendirse a la desesperación y disolverse o de contratar a un experto para que lo arregle todo, existe una posibilidad más interesante, concretamente, la colaboración. Al trabajar juntos a través de una visión mutua y la identificación de talentos y obstáculos, es posible captar lo mejor de todos los miembros de la comunidad. En el proceso colaborativo hay varias etapas posibles que se pueden utilizar para cualquier tarea o grupo:

- Alcance. Al principio es bueno ver el potencial de la tarea. ¿Quién debería formar parte de este trabajo? ¿Quién tiene necesidad de estar aquí? ¿Qué esperamos conseguir? Cuanto mayor sea el ámbito de estudio en esta etapa, menos probable será que haya problemas en el futuro. Según mi experiencia, casi todos los contratiempos tienen lugar en el área de comunicación y por la omisión de las personas claves desde el principio del proceso.

- Cooperación. En esta etapa, los grupos se han establecido y han elaborado normas, es decir, acuerdos sobre como desean estar juntos. En el ámbito de cooperación, coexisten diversos círculos de actividad.
- En colaboración, esos círculos comienzan a fusionarse. Debido a que existe un intercambio entre personas y grupos, podemos sentirnos llenos de energía y tener mayor comprensión y sensación de que las cosas están vivas.
- Por último, se alcanza una nueva estructura o logro en el que los distintos grupos ya no se sienten independientes, sino que son parte de un todo. A medida que uno se desplaza desde la primera a la cuarta etapa, se crean mayores niveles de confianza. La gente está dispuesta a abrirse, crecer y cambiar como sombras personales que salen de las esquinas y se proyecta una nueva luz sobre el esfuerzo de los participantes. Una mayor sensación de seguridad a través de la colaboración permite la nueva iniciativa y la asunción de riesgos.

Un grupo que está comprometido y bien formado, y tiene unos miembros constantes (es decir, un grupo «hacia adentro») debe ser, una y otra vez, particularmente consciente a la hora de tender la mano. Por el contrario, un grupo que ya es diverso y de amplio alcance, desde el punto de vista de la composición variada de sus miembros y de su enfoque, debe trabajar una y otra vez hacia adentro con el fin de compartir, pero desde un lugar centrado y equilibrado. La parcialidad de cada grupo es alterada por las cualidades de otro grupo. Si en nuestras clases nos esforzamos por llegar al niño en su totalidad, nos conviene mirar los asuntos de la escuela también desde el punto de vista de su conjunto. En lugar de retirarnos constantemente a comités de seguridad, que solamente suelen servir para reforzar las opiniones establecidas de sus miembros, sería mejor si los grupos pudiesen entrar y salir de las etapas de colaboración de manera regular. De esta manera, obtienen una corrección natural y una nueva energía mediante los procesos de la vida. Los organismos vivos respiran, circulan y colaboran. ¿Por qué no las escuelas?

Una forma de hacer que la colaboración sea una realidad en una escuela Waldorf es por medio de la euritmia en el lugar de trabajo, una forma de movimiento que permite un interesante desarrollo del grupo. Estos ejercicios de movimiento cuidadosamente desarrollados y ordenados combinan experiencia, reflexión y conversación de tal forma que los participantes experimentan visiblemente las cuestiones fundamentales del liderazgo, la cooperación, la toma de decisiones y la transformación. Las ideas preconcebidas se dispersan y las personas vuelven a experimentar entre sí. Poco a poco se desatan difíciles nudos de interacciones humanas, pasadas y presentes, y se forman nuevas relaciones. La euritmia suelta y libera aquello que pretende encontrar una nueva expresión, yendo más allá que simplemente hablando y conceptualizando. Las escuelas que no son Waldorf deberían considerar una actividad de grupo adecuada que conlleve el mismo tipo de conexiones físicas. ¡Toda formación de liderazgo colaborativo necesita el arte del movimiento!

Me gustaría resumir nuevamente las principales ideas de este capítulo mediante un verso de Rudolf Steiner, uno que puede acompañar a un líder en el sendero del conocimiento de uno mismo y del servicio:

> Que la sabiduría brille a través de mí.
> Que el amor crezca dentro de mí.
> Que la fuerza penetre en mí
> para que pueda surgir en mí
> un ayudante para toda la humanidad.
> Un sirviente para todo lo sagrado, desinteresado y verdadero.[41]

A las puertas del Cielo

Como parte de un programa de formación, en una ocasión pedí a un grupo de maestros, administradores y becarios que describiesen las cualidades imprescindibles para el liderazgo de nuestras escuelas en la actualidad. A pesar de todos los retos a los que se enfrentan nuestras escuelas hoy en día, fueron capaces de expresar las extraordinarias cualidades que acogen tanto la realidad como los ideales inherentes al servicio de liderazgo. A su juicio, un líder es aquel que:

- Puede ver su propia vida y admitir honestamente los defectos personales al tiempo que lucha siempre por un ideal.
- Es capaz de retroceder, observar, acoger y conocer a aquellos que sigue.
- Trabaja con las fuerzas de los demás y reconoce y fomenta el liderazgo en el resto, mientras que también percibe las debilidades que permite una adecuada delegación de tareas (por tanto, es realista).
- Reconoce las necesidades de liderazgo espiritual y pragmático de un grupo.
- Aprecia la palabra, que va más allá de los lugares físicos a los que viajamos; intenta pensar/considerar antes de hablar y siempre trata de incluir bondad y dulzura en sus palabras.
- Tiene un corazón que lo suficientemente grande como para llevar a los demás.
- Es capaz de volver a conectar con el mundo de la naturaleza y las fuerzas vitales que proporcionan la fuente de inspiración.
- Puede encontrar lo individual en medio de una burocracia.
- Es capaz de anteponer las relaciones humanas a todo lo demás, ya que al final es la calidad de esas relaciones la que hace todo posible.
- Forja asociaciones con los demás, es capaz de mejorar la cooperación.
- Tiene que respetar a la otra persona, aunque esa persona vea las cosas de manera distinta.
- Tiene que respetarse a sí mismo con el fin de respetar a los demás.
- Inspira confianza, ya que puede mostrar lo mejor si los demás confían en él o ella.

- Es capaz de percibir y trabajar con diversidad, puede ver el trasfondo cultural y biográfico de los individuos para tejer un rico tapiz.
- Se aparta del camino para que los demás puedan trabajar con su aportación, ya que el liderazgo y la verdadera autoridad proceden de modelar la conducta, el intelecto y la imaginación, y después deja espacio para que los demás avancen.
- Es capaz de aprender de los errores y seguir adelante.
- Es capaz de ver su comportamiento teniendo en cuenta los ideales personales, ya que a veces puede haber discrepancias.
- Es un maestro de la devoción (para ser líder necesita un visión, un corazón abierto a todos y una técnica moral).

Finalmente, aquellos que han servido hablan de las experiencias límite que llegan cuando uno es líder. Esas experiencias no son solo las más importantes, es decir, la muerte y el nacimiento. También se dan a diario de innumerables formas. Experimentar el umbral es como estar en un riachuelo. Un líder suele colocarse donde la corriente es más rápida. Pasa mucho tiempo hasta que los demás pueden darse cuenta. Pero debido a que se encuentra en esta posición, el líder debe reforzar sus pies, inclinarse hacia la corriente y aceptar lo que viene flotando. Con frecuencia, la tarea es más de reorientar las cosas que de asumirlas e intentar resolverlas, pero los líderes que trabajan con experiencias límite son más que guardias de tráfico glorificados. Suelen tener el honor de oír, escuchar y ser introducidos en historias personales que enriquecen el alma si se llevan a cabo de forma adecuada. Muchas de nuestras escuelas son invitaciones a reuniones, interacciones personales y resolución de la historia que es mucho más compleja de lo que ve el ojo mortal. Un líder en el umbral es testigo de estos esfuerzos vitales.

Con la nueva conciencia de nuestro tiempo, se puede experimentar mucho en pequeños momentos aparentemente insignificantes: una conversación, un giro equivocado en el camino, un encuentro fortuito o una decisión de asumir una tarea u otra. Estas experiencias límite dejan el alma al descubierto; nos revelan. Se produce un momento de iluminación, de autoconciencia, de estar en las manos del Otro. El semblante de un líder en el umbral es tanto severo como misericordioso. La severidad procede del trabajo del poder de las fuerzas naturales, la corriente inevitable del tiempo. Hay experiencias que deben vivirse, que están llenas de dolor y nos llevan hacia adelante así queramos o no. No obstante, también hay bondad y misericordia en el rostro del verdadero líder, en el interior se encuentra el conocimiento de que todas estas experiencias pueden, y lo hacen, sucederles también a ellos. El liderazgo no es una excepción. Con una compostura erguida y una mirada que llegue tanto de lejos como de cerca, un líder se levanta como Pedro a las puertas del Cielo.

La nueva comunidad

Después de identificar los fenómenos sociales e históricos en esta sección, quisiera destacar varias formas prácticas en las que los seres humanos que trabajan en el contexto de una escuela pueden comenzar a reformar la comunidad para satisfacer las demandas de nuestra época. Terminaré con unas palabras finales sobre Sarah y las fuentes de inspiración que ayudaron a su escuela a curarse y seguir adelante.

Hoy en día, nuestras escuelas ofrecen un lugar de encuentro de dos corrientes que convergen en la evolución humana: la individualización del ser humano y la disminución de la conciencia de grupo. Estas tendencias evolutivas emergentes pueden demostrarse mediante un estudio exhaustivo de la historia. A los efectos de este texto, me gustaría simplemente opinar que el ser humano, hace tiempo una parte esencial del todo, ha ido logrando poco a poco mayor libertad para actuar, pensar y sentir como una entidad independiente. Como hemos visto, en el antiguo Egipto y otras civilizaciones anteriores, el ser humano estaba completamente ligado a la unidad social. Sin embargo, en Grecia el ser humano se emancipó en el ámbito de la cultura y la vida espiritual. Para ver este fenómeno solo hay que echar un vistazo a las obras de grandes filósofos como Aristóteles, Platón y Sócrates, o a las increíbles expresiones de los individuos en las artes. En la época del Imperio Romano, la edad de la ciudadanía y el sistema legal, el individuo obtuvo nuevos derechos en relación a la expresión, la propiedad privada y el voto. De este modo, de una época a otra, la causa de la libertad fue impulsada, a menudo con gran lucha y derramamiento de sangre. No hay más que recordar el sufrimiento de los esclavos en los primeros años de los Estados Unidos para experimentar la importancia de la libertad para el individuo. El argumento que se cuenta en la historia es realmente el de la liberación del individuo, ¡con un buen número de contratiempos en el camino!

En la actualidad, la comunidad tiene menos control sobre los individuos. De hecho, su principal justificación es la de servir a las necesidades de éstos. Lo que es descrito como anhelo para la comunidad puede ser simplemente una generalización del deseo del individuo por la autorrealización a través del desarrollo personal. Hoy en día, las personas siguen experimentando instintos antisociales que van en contra de la cooperación, por lo que son necesarias estructuras sociales que equilibren los aspectos antisociales del individuo. En este sentido, las escuelas pueden ser vistas como una manera de alisar las esquinas de la vida social. Steiner introdujo la idea de considerar los fenómenos sociales desde una triple perspectiva: la cultura o vida espiritual, los derechos o asuntos legales y el campo de la economía. A efectos prácticos, la planificación escolar de un gimnasio podría requerir estos tres aspectos con las siguientes preguntas:

- ¿Qué significará este gimnasio como centro cultural para la comunidad? ¿Cómo afectará a los esfuerzos espirituales y a las aspiraciones de nuestros padres, maestros e hijos?
- ¿Cómo afectará el gimnasio a las interacciones de las personas que lo utilicen? ¿Cómo influirán estas interacciones en las relaciones con aquellos que no forman parte de esta escuela en particular?
- ¿Cuánto costará? ¿Qué criterio se puede seguir para mantener y apoyar esta instalación en los próximos años?

Si verdaderamente se respeta la libertad de cada persona, hay que dejarla que escoja dónde quiere ser activa, por ejemplo, en la recaudación de fondos, la construcción o el cumplimiento de la misión de un nuevo gimnasio. Las personas hacen bien lo que quieren hacer, siempre y cuando se mantengan las expectativas sociales de comunicación, incluyendo la articulación de una visión unificadora. Para la vida social, lo que más importa al final no es tanto lo que leemos o pensamos sino la forma en que actuamos y lo que hacemos.

Después de innumerables visitas a escuelas, talleres y charlas sobre el tema de la renovación, he formulado diez sugerencias básicas para la renovación escolar:

- El principio de lavar platos. Es mejor ocuparse de un problema o de un asunto de inmediato. Al igual que con los platos en el fregadero, solo se hace más difícil conforme pasa el tiempo. Resulta que los problemas más espinosos con los que lidian han estado presentes durante mucho tiempo. Por ejemplo, en una sesión de mediación en la que dos compañeros no se dirigían la palabra y el asunto se había vuelto tan grave que la escuela necesitaba ayuda externa, comprobé que un incidente catorce años antes entre estas dos personas había dado lugar a una larga historia de sospecha y falta de respeto. Solamente remontándonos a lo que ocurrió, pudimos empezar a abordar el presente problema de compañerismo.
- Iniciar el diálogo y decir lo que se quiere decir. La escuela puede recrearse una y otra vez mediante la conversación y el diálogo. El diálogo libera el flujo de significado para que se pueda trabajar con él. Como afirmó tan elocuentemente Paulo Freire, el diálogo transforma la humanidad:

> La existencia humana no puede ser silenciada ni alimentada por palabras falsas, sino solo por palabras auténticas con las que el hombre transforma el mundo. Existir, humanamente, es dar un nombre al mundo, cambiarlo. [Los hombres] no se hacen en silencio sino en la palabra, en el trabajo, en la acción-reflexión... Si a través de su palabra, los hombres transforman el mundo dándole un nombre, el diálogo se impone como la forma en que [los hombres] obtienen significado como [hombres]. El diálogo es por tanto una necesidad existencial.[42]

- El ritmo sustituye a la fuerza. Como se recoge en este libro, las antiguas formas de hacer las cosas ya no funcionan. Lamentablemente, debido a nuestra generalizada cultura deportiva y las arraigadas formas en que la gente responde a los desafíos, las escuelas tratan de forzar mediante la simple fuerza de voluntad algo que podría mejorarse con un nuevo enfoque. El ritmo, la elegante alternativa a la actividad, es una forma de trabajo que mejora las fuerzas vitales. En lugar de reunirse durante horas y horas, por ejemplo, vuelva al cabo de unos días, trabaje primero con las artes y luego entable una conversación. Este tipo de ritmo de trabajo da a la escuela más de lo que la mayoría se imagina. La naturaleza nos enseña lo creativo que es el ritmo. Las escuelas utilizan esta sabiduría para sustituir el brutal impulso.
- El movimiento es curación. Como dije anteriormente, el movimiento suele mostrar el camino. Comience a hablar, pruebe una posibilidad, participe en una actividad artística sobre el tema de indagación: haga algo y se liberarán los fenómenos que llevan más allá. La inactividad está amortiguando. El movimiento crea.
- Dé un salto interior antes de dar uno exterior. Muchas veces queremos actuar, la acción es la forma occidental de conocer el mundo. Eso está bien, pero también es necesaria una actuación interior. En mis consultas sobre la escuela, he constatado que cuando las personas no consiguen dar primero un salto interior, la oportunidad perdida se expresa luego en todos los tipos de dramas humanos. Lo que podría ser una batalla interna se convierte a veces en un conflicto externo. Si los seres humanos realizasen sus tareas internas primero, nuestras escuelas se podrían ahorrar mucho.
- Saque a la luz los asuntos para que el grupo los vea. A veces un padre le preguntará al maestro: «¿Qué puedo hacer? Parece que nadie escucha lo que tengo que decir». Cuando ocurre esto, tal vez que lo único que se pueda hacer sea simplemente observar los fenómenos y compartir lo que ve. Si se pone algo a debate, por lo general al menos un miembro del grupo tomará nota. Presentar

un asunto es dar a otros la oportunidad de observar y empezar a participar.
- Pida diferentes puntos de vista, uno de ellos abrirá la sabiduría necesaria. Al igual que hay muchos planetas con posiciones en relación a la Tierra, los miembros de un grupo también pueden ofrecer diferentes perspectivas. Por supuesto, esto sale de un grupo, pero aumenta si el facilitador anima e incluso pide diferentes opiniones. Las cosas se toman desde lo personal y se materializan. Además, hay menos posibilidades de confrontación, puesto que casi todo el conflicto surge cuando las personas sienten que no han sido escuchadas.
- Si se encuentra agotado, espere a otro día. Por mi experiencia, el cansancio conduce a una falta de juicio y unas decisiones deficientes. Un nuevo día traerá también nuevas fuerzas para tomar la decisión.
- Siguiendo el consejo de Margaret Wheatley, comience las reuniones mirando a su alrededor y preguntando quién más debería estar allí. Si las personas adecuadas están presentes, muchas se harán cargo de sí mismas.
- Actúe con valentía cuando tome una decisión. Es mejor cometer un error, aprender de él y corregirlo que titubear y vivir en tierra de nadie, de débiles y cobardes.

Sarah se volvió a reunir con su escuela después de un largo y satisfactorio descanso. Su viaje se narra en los capítulos de este libro. Ella exploró formas de practicar la renovación personal a través de un reequilibrio esencial de su vida. No fue algo en particular lo que le permitió curarse, sino la combinación de reconectar el esfuerzo interior y exterior que permitió el crecimiento necesario. Una de las muchas sorpresas de Sarah fue la inmensa red de relaciones de su familia, alumnos, escuela y matrimonio. No vivían en cajas separadas; los diferentes elementos de su vida podían estar apoyándose mutuamente o agotándose. Ella descubrió que lo que necesitaba era un cambio en la dinámica, en la forma en que trabajaba con el tejido de la vida.

Muchas veces en el pasado, Sarah había hecho que su voluntad la llevase a través del día, ejerciendo su ego y logrando cosas incluso cuando su cuerpo estaba a punto de desplomarse. Era como si su conciencia se estirase como una banda elástica hasta romperse finalmente. Durante su reconstrucción, Sarah aprendió a trabajar *con* el flujo de la vida, las fuerzas vitales que nos moldean, nos crean y nos rodean en el mundo de la naturaleza. Existen unos momentos naturales para hacer las cosas, pero hemos de sentir instintivamente el camino y captar el momento oportuno de la conciencia interior, no del intelecto. Trabajar con los ritmos naturales de la vida se convirtió en un sendero creativo para Sarah, uno que le aportó nueva plenitud y alegría.

Desde el punto de vista de su escuela, Sarah regresó preparada para ejercer un nuevo tipo de liderazgo, uno que fomentaba la colaboración. Con la ayuda de la formación escolar, los maestros y padres comenzaron a usar tanto la indagación como la defensa, el diálogo abrió canales de comunicación al principio del proceso, modos flexibles de tomar decisiones y un trabajo en grupo tanto mixto como diferenciado. Se nombraron mentores internos y externos y se estableció un riguroso proceso de evaluación. Una vez que se abordaron las necesidades sistémicas básicas, muchas de las necesidades externas de la escuela parecieron resolverse de forma natural. Puesto que los maestros desarrollaron una sustancia más espiritual, se encontraron los unos a los otros desde una fuerza personal que dio lugar a mejores reuniones. Puesto que las reuniones mejoraron, se procedió a la toma de decisiones. Y con las decisiones acertadas, los maestros y los padres adquirieron mayor confianza en la administración de la escuela. La matriculación incrementó y, finalmente, la escuela adoptó un plan quinquenal para los aumentos salariales y unos beneficios más amplios.

Sarah se dio cuenta de que la renovación, tanto personal como orgánica, requiere un continuo cuidado y atención. Ningún sistema u organización dura para siempre, pues está en la naturaleza de los seres vivos crecer y cambiar. Aunque los aspectos exteriores cambian de tanto en tanto en la vida de la escuela, las habilidades espirituales, una vez que se despiertan por completo, se pueden utilizar para resolver cualquier situación en el futuro. Al final, la renovación fue la medida más rentable que la escuela de Sarah había adoptado jamás.

Todas las escuelas tienen una oportunidad. ¿Renunciamos a conseguirlo y nos las apañamos con lo que tenemos o luchamos por una comunidad autosostenible? Esta es una elección fundamental para cada escuela. Animo a que nuestras escuelas se armen de valor para ver el *todo* y se decidan a hacer el trabajo necesario para la salud social. En última instancia, la renovación escolar trata sobre el desarrollo personal, ya que solo una comunidad de individuos conscientes de sí mismos puede adoptar medidas que generen salud. La mayor vocación de un ser humano en la Tierra en este momento de la historia es liberar el Espíritu del Yo de las cadenas de la conformidad para una existencia atada al sentido. Cuando este yo superior es liberado, tenemos la oportunidad de trascender la naturaleza unilateral de nuestro ser inferior. Poco a poco podemos desarrollar la capacidad de entender por completo los fenómenos que nos rodean y, por tanto, descubrir la verdad objetiva de una situación. Esto nos conecta con lo universal, mientras que permanecer en la esfera personal y subjetiva nos ata a lo material y nos separa de los demás. Como sucede con toda transformación, lo que se libera a través del desarrollo personal concede el don de la humanidad, es decir, la comunidad.

El solsticio de verano marca el día más largo del año, la culminación de la luz. Aquellos que siguen las fiestas cristianas celebran el Día de San Juan, el punto de inflexión del año que habla del desarrollo humano, la transición en la que se consumen las fuerzas inferiores, las antiguas, y el mayor potencial del ser humano señala mayores realidades cósmicas. Cada año en las hogueras de San Juan, los estudiantes y el personal docente del Emerson College en Inglaterra comparten un verso de Francis Edmunds que habla de este nuevo comienzo:

Que el fuego nos ilumine
consumiendo las ramas muertas de un pasado viviente.
Prende la vida en nosotros
el fuego de amor que crea de nuevo.
Que el fuego de amor
consuma la madera muerta en nuestras almas.
Unámonos a la palabra viva de Juan:
«Es necesario que él crezca y que yo mengüe».
Que la mezcla de las muchas llamas
presagie el entramado de nuestros destinos,
en actos sacrifícales de amor,
para levantar una baliza de nueva esperanza para todos.

NOTAS

1. HAUGAARD, Eric Christian. *A Treasury of Hans Christian Andersen.* Nueva York: Barnes and Noble, 1974, pp. 251-261.
2. JUNG, C. G. *The Archetypes and the Collective Unconscious* (publicado en español como «*Arquetipos e inconsciente colectivo*»). Princeton, Nueva Jersey: Princeton University Press, 1981, p. 284.
3. STEINER, Rudolf. *The Karma of Materialism* («El Karma del materialismo»). Londres: Rudolf Steiner Press, 1974, p. 44.
4. MEYER, Richard. *Man and His Angel.* Sacramento, California: Richard Lewis, s.f., p. 7.
5. Ibid., pp. 6-8.
6. Ibid., p. 35.
7. Ibid., pp. 18-20.
8. EVANS, Berger. *Dictionary of Mythology.* Nueva York: Dell, 1970, p. 244.
9. POST, Nancy. *Working Balance.* Filadelfia: Post Enterprises, 1989, p. 2.
10. STEINER, Rudolf. *Reincarnation and Karma (publicado en español como «Reencarnación y Karma»).* Hudson, Nueva York: Anthroposophic Press, 1992, p. 69.
11. NITSCH, Twylah. *Wolf Clan Teachings.* Reserva India de los Cattaraugus, Nueva York: autopublicación, 1993, p. 5.
12. Jakob y Wilhelm GRIMM. *The Complete Grimm s Fairy Tales.* Nueva York: Pantheon, 1972, pp. 151-152.
13. Ibid., pp. 155-158.
14. PEARSON, Carol S. *The Hero Within: Six Archetypes We Live By.* San Francisco: Harper San Francisco, 1989, pp. 101-02.
15. NEUMANN, Erich. *The Origins and History of Consciousness (publicado en español como «Los orígenes e historia de la conciencia»).* Princeton, Nueva Jersey: Princeton University Press, 1954, pp. 378-379.
16. Pearson, p. 105.
17. Ibid., pp. 105-107.
18. VON GLEICH, Sigismund. *The Sources of Inspiration of Anthroposophy* Londres: Temple Lodge, 1997, p. 17.

19. STEINER, Rudolf. *Faithfulness Meditation*, folleto.
20. BLATCHFORD, Claire, *Turning*. Hudson, Nueva York: Anthroposophic Press, 1994, p. 90.
21. MIURA, Isshu; y Ruth FULLER SASAKI. *The Zen Koan*. Nueva York: Harcourt Brace Jovanovich, 1965, p. 44.
22. SHAKESPEARE, William. «*Macbeth*»), Acto dos, escena dos.
23. CERVANTES, Miguel. «*Don Quijote*» (citada en Bergen Evans, *A Dictionary of Quotations*. Nueva York: Delacorte Press. 1998).
24. STEINER, Rudolf. *Knowledge of the Higher Worlds and Its Attainment*. («*¿Cómo se adquiere el conocimiento de los mundos superiores?*»). Spring Valley, Nueva York: Anthroposophic Press, 1947, p. 22.
25. STEINER, Rudolf. *Verses and Meditations* («*Versos y meditaciones*»). Londres: Rudolf Steiner Press, 1961, p. 163.
26. NOUWEN, Henri J.M. *The Return of the Prodigal Son: A Meditation on Fathers, Brothers, and Sons* (publicado en español como «*El regreso del hijo pródigo: historia de dos hijos y su padre*»). Nueva York: Doubleday, 1992, p. 47.
27. Citada en Barry Z. Posner y James M. Kouzes. *The Leadership Challenge* (publicado en español como «*El desafío del liderazgo*»). San Francisco: Jossey-Bass, 1995, pp. 43-44.
28. WHEATLEY, Margaret y Myron Kellner-Rogers. *A Simpler Way: Leadership and the New Science: Learning about Organization from an Orderly Universe* (publicado en español como «*El liderazgo y la nueva ciencia: la organización vista desde las fronteras del siglo XXI*»).San Francisco: Berrett-Koehler, 1992, p. 83.
29. Ibid., pp. 18-19.
30. Citado en Andrew Welburn, *The Mysteries* (publicado en español como «*Los misterios*»). Edimburgo: Floris Books, 1997, p. 42.
31. De Ed Tomey, ANE. Dinámicas de grupo y curso de liderazgo, material didáctico.
32. Wheatley y Rogers. p. 49.
33. STEINER, Rudolf. *Intuitive Thinking as a Spiritual Path* (publicado en español como «*El pensamiento intuitivo como sendero espiritual*»). Hudson, Nueva York: Anthroposophic Press, 1995, pp. 180-93.
34. PECK, M. Scott. *A World Waiting to Be Born: Civility Rediscovered* (publicado en español como «*Un mundo esperando nacer*»). Nueva York: Bantam, 1993, pp. 290-91.

35. KANER, Sam; LIND, Lenny; et al. *Facilitator's Guide to Participatory Decision-Making*. Isla Gabriola, Columbia Británica, Canadá: New Society Publishers, 1996, p. 34.

36. Ibid., pp. 31–69.

37. HESSE, Hermann. *The Journey to the East* (publicado en español como «*Viaje a Oriente*»). Londres: Granada/Panther Books, 1972, p. 49.

38. Ibid., p. 55.

39. Ibid., p. 85.

40. GREENLEAF, Robert. *The Power of Servant-Leadership* San Francisco: Berrett-Koehler, 1998. p. 79.

41. STEINER, Rudolf. *Verses and Meditations* («*Versos y meditaciones*»), p. 163.

42. FREIRE, Paulo. *Pedagogy oft he Oppressed* (publicado en español como «*Pedagogía del oprimido*»). Harmondsworth, Middlesex, Reino Unido: Penguin, 1970, pp. 60–61.

BIBLIOGRAFÍA SELECCIONADA

BLANCHARD, Kenneth, Donald CAREW; y Eunice PARISI-CAREW. *The One Minute Manager Builds High Performing Teams (publicado en español como «El ejecutivo al minuto: formación de equipos de alto rendimiento»)*. Nueva York: William Morrow, 1991.

BLATCHFORD, Claire. *Turning*. Hudson, Nueva York: Anthroposophic Press, 1994.

BOLMAN, Lee G.; y Terrence E. DEAL. *Reframing Organizations: Artistry, Choice, and Leadership*. San Francisco: Jossey-Bass, 1991.

EVANS, Bergen. *Dictionary of Mythology*. Nueva York: Dell, 1970.

FREIRE, Paulo. *Pedagogy of the Oppressed (publicado en español como «Pedagogía del oprimido»)*. Harmondsworth, Middlesex, Reino Unido: Penguin, 1970.

GLEICH, Sigismund. *The Sources of Inspiration*. Londres: Temple Lodge, 1997.

GREENLEAF, Robert K. *The Power of Servant-Leadership*. San Francisco: Berrett-Koehler, 1998.

GRIMM, Jakob Ludwig Karl; y Wilhelm Karl Grimm. *The Complete Grimms Fairy Tales*. Nueva York: Pantheon, 1972.

HALL, Calvin; y Vernon NORDBY. A Primer of Jungian Psychology. Nueva York: New American Library, 1973.

HAMILTON, Edith. *Mythology (publicado en español como «Mitología»)*. Nueva York: New American Library, 1942.

HAUGAARD, Erik Christian. *A Treasury of Hans Christian Andersen*. Nueva York: Barnes & Noble, 1974.

HESSE, Hermann. *The Journey to the East (publicado en español como «Viaje a Oriente»)*. Londres: Granada/Panther Books, 1972.

JONES, Michael. *Prayers and Graces*. Edimburgo: Floris Books, 1980.

JUNG, Carl Gustav. *The Archetypes and the Collective Unconscious (publicado en español como «Arquetipos e inconsciente colectivo»)*. Princeton, Nueva Jersey: Princeton University Press, 1981.

KANER, Sam; Lenny LIND; Catherine TOLDI; Sarah FISK; y Duane BERGER. *Facilitator's Guide to Participatory Decision-Making*. Isla Gabriola, Columbia Británica, Canadá: New Society Publishers, 1996.

LIEVEGOED, Bernard. *Man on the Threshold (publicado en español como «El hombre en el umbral»).* Stroud, Inglaterra: Hawthorn Press, 1985.

LENZ, Friedel. *Bildsprache der Maedchen.* Stuttgart, Alemania: Verlag Urachhaus, 1971.

MCNAMARA, David. *Exploring the Dimensions of Family Wholeness: A Handbook for the Conscious Co-Creation of Family Life.* Presentado en la Conferencia de Primavera, abril de 1990.

MEYER, Richard. *Man and His Angel.* Sacramento, California: Richard Lewis, sin fecha.

MILES, John. *Sleep.* Vancouver, Columbia Británica: Canadá: Waldorf School Association of Kelowna, 1989.

MIURA, Isshu; y Ruth Fuller Sasaki. *The Zen Koan.* Nueva York: Harcourt Brace Jovanovich, 1965.

NEUMANN, Erich. *The Origins and History of Consciousness (publicado en español como «Los orígenes e historia de la conciencia».* Princeton, Nueva Jersey: Princeton University Press, 1954.

NITSCH, Twylah. *Wolf Clan Teachings.* Reserva India de los Cattaraugus: autopublicación, 1993.

NOUWEN, Henri J.M., *The Return of the Prodigal Son: A Meditation on Fathers, Brothers, and Sons (publicado en español como «El regreso del hijo pródigo: historia de dos hijos y su padre»).* Nueva York: Doubleday, 1992.

PEARSON, Carol S. *El Héroe Interior: Arquetipos de Transformación.* Madrid: Editorial Mirach, 2012.

PECK, M. Scott. *A World Waiting to Be Born: Civility Rediscovered* («Un mundo esperando nacer»). Nueva York: Bantam, 1993.

POSNER, Barry Z.; y James M. KOUZES. *The Leadership Challenge (publicado en español como «El desafío del liderazgo»).* San Francisco: Jossey-Bass, 1995.

POST, Nancy. *Working Balance* («Trabajo de equilibrio»). Filadelfia: Post Enterprises, 1989.

ROSENBERG, Marshall B. *«Comunicación no violenta: un lenguaje de vida».* Madrid: Gran Aldea Editores, 2006.

SANDNER, Donald. *Navaho Symbols of Healing: A Jungian Exploration of Ritual, Image, and Medicine* («Símbolos navajos de sanación»). Rochester, Vermont: Healing Arts Press, 1991.

STEINER, Rudolf. *Anthroposophy in Everyday Life* («La antroposofía en la vida cotidiana»). Hudson, Nueva York: Anthroposophic Press, 1995.

——. *Ciencia oculta.* Barcelona: Editorial Rudolf Steiner, 2012.

———. *¿Cómo se adquiere el conocimiento de los mundos superiores?*. Buenos Aires: Editorial Dédalo, 1991.

———. *El Evangelio según San Lucas*. Buenos Aires: Editorial Kier, 2013.

———. *The Evolution of the World and of Humanity* («La evolución del mundo y de la humanidad»). Londres: Anthroposophical Publishing, 1926.

———. *The Karma of Materialism* («El Karma del materialismo»). Londres: Rudolf Steiner Press, 1974.

———. *Karmic Relationships* («Relaciones kármicas»). Londres: Rudolf Steiner Press, 1974.

———. *Materialism and the Task of Anthroposophy* («Materialismo y la tarea de la antroposofía»). Hudson, Nueva York: Anthroposophic Press, 1987.

———. *Prayer*. Londres: Rudolf Steiner Publishing, 1939.

———. *Reencarnación y karma*. Buenos Aires: Editorial Antroposófica, 1998.

———. *Spiritual Insights* («Percepciones espirituales»). Silver Springs, Maryland: WECAN, 1999.

———. *Verses and Meditations* («Versos y meditaciones»). Londres: Rudolf Steiner Press, 1961.

———. *«Los ángeles y el cuerpo astral»*. Barcelona: Ediciones Obelisco, 2004.

TREICHLER, Rudolf. *Soulways*. Stroud, Inglaterra: Hawthorn Press, 1989.

VAN DEN BRINK, Margaret *More Precious Than Light (publicado en español como «Más precioso que la luz»)*. Stroud, Inglaterra: Hawthorn Press, 1996.

VON GLEICH, Sigismund. *The Sources of Inspiration*. Londres: Temple Lodge Publishing, 1997.

WELBURN, Andrew. *The Mysteries (publicado en español como «Los misterios»)*. Edimburgo: Floris Books, 1997.

WHEATLEY, Margaret J. *Leadership and the New Science: Learning About Organization from an Orderly Universe (publicado en español como «El liderazgo y la nueva ciencia: la organización vista desde las fronteras del siglo XXI»)*. San Francisco: Berrett-Koehler, 1992.

WHEATLEY, Margaret J. y Myron KELLNER-ROGERS. *A Simpler Way*. San Francisco: Berrett-Koehler, 1996.

YWAHOO, Dhyani. *Voices of Our Ancestors: Cherokee Teachings from the Wisdom Fire (publicado en español como «Voces de nuestros antepasados: Enseñanzas del pueblo cheroqui, recogidas del fuego de la sabiduría»)*. Boston: Shambhala, 1987.

www.ingramcontent.com/pod-product-compliance
Lightning Source LLC
Chambersburg PA
CBHW030855170426
43193CB00009BA/622